AI시대, 인간의 경쟁력

AI시대, 인간의 경쟁력

재능과 창의성을 발명하는 사람들

강창래 지음

궁리
KungRee

프롤로그

AI시대의 경쟁력,
당신의 재능과 창의성

　인공지능은 재능이 없다. 패턴 분석의 귀재이지만 창의적이지 않다. 그러니 특별한 '생각'이 있을 리 없다. 인공지능은 기억력이 어마어마하다. 이 세상에 존재해왔던 수많은 지식을 대부분 기억하고 있다. 그러나 그것은 참이든 거짓이든 상관 없이 상관관계로만 연결된 기억이다. 도서관의 자료 일부를 패턴으로 조절하고 정리해서 엮은 '거대한 잡학사전'이다.

　이전의 책과 다른 점은 질문하면 그럴듯한 답을 재빨리 찾아준다는 것이다. 패턴의 기억에 종속되어 있는 '기계'이기 때문에 자동실행도 어렵지 않다. 클리셰 상황에 한해서는 편리하게 사용할 수 있다. 손이 많이 가는 '기계적인 작업'과 초보적인 콘텐츠 생성에는 매우 쓸 만 하다. 기술적으로 조작할 수 있는 수많은 클리셰에 진심인 프로그램이니까. 그러니 가장 도움이 되는 경우는 새로운 분야의 클리셰에 대한 감각을 익히고 싶을 때일 것이다.

그러나 거기까지다. 프로페셔널한 최종 결과물은 언제나 클리셰를 살짝 넘어서는 어떤 것이다. 솜씨가 좋은 인간에게는 '살짝'이지만(물론 그것도 절대 쉬운 일은 아니다. 그러나 독자 여러분들은 운 좋게도 이 책에서 그런 '살짝'의 예를 많이 볼 수 있을 것이다!), AI에게는 어마어마어마어마하게 어려운 일이다. 그럼에도 불구하고 그리 오래 지나지 않아 이 문제도 어느 정도 해결될지 모른다. 카오스와 관련된 물리학 공부를 해보면 그 해결 가능성이 보이긴 한다. 어려운 문제인 건 분명하지만.

그래서이겠지만, 현재 내 경우는 인공지능을 사용할수록 답답해진다. 잘 알려져 있는 데이터를 '정리'해주는 편리함도 더 이상 신기하지 않다. 물론 '팩트 체크'하는 시간을 줄여주기는 한다. 깜빡 잊었던 것이나 혼동하고 있던 것을 찾아내는 데도 도움이 된다.

그렇지만 그것도 하다 보면 조금은 짜증이 난다. 아니러니와 풍자가 담긴 문구를 제대로 해석하지 못하는 경우가 많을 뿐 아니라, '팩트 체크' 결과 역시 의심해야 하기 때문이다. 인공지능 개발 회사에 따라서 미묘한 정치적 입장 차이도 있다. 가끔은 그네들의 입장을 설득하려는 경향도 보인다. 인공지능에도 제작자의 편견이 담겨 있는 것이다.

그러니 인공지능의 답은 절대로 그대로 믿으면 안 된다. '아니다'를 '이다'라고 내내 우기다가 분명한 근거를 제시하면 그제야 사과

하는 경우도 잦다. 그러면서도 뻔뻔스럽게 자기는 원래 완벽한 존재가 아닐 뿐 아니라 고정관념(패턴의 통계적 우위)에 주로 의존하고 있는 기계일 뿐이라고 강변한다. 그러면서 나 같은 사용자 덕분에 좀 더 나은 상태로 발전한다고 추켜세우기도 하는데… 그러면 내가 왜 사용료를 지불해야 하는가?

아무튼 그들의 편견이나 잘못된 결론에서 벗어나려면 그들이 제시하는 정교한 논리의 허점을 짚는 질문을 할 줄 알아야 한다. 그들보다 내가 더 잘 알고 있어야 하는 것이다! 사용자가 피사용자보다 더 많은 것을 알고 있어야 한다는 진리는 아직 조금도 변치 않은 것이다.

패턴에 기반한 과학이 카오스 이론에 이르면 논리적 설명/예측이 절벽에 다다르는 경우와 비슷한 상황인지도 모른다. 단기간의 날씨 예측은 어느 정도 믿을 만하지만 일주일만 지나면 정확도가 50%가 되지 않는 것처럼, 주식시장에서도 비슷한 일이 일어난다. 단타라면 인공지능 프로그램의 효율성이 대단히 높다. 그러나 경제상황, 인간의 삶에 대한 문제는 카오스의 세계에서 일어나는 것이다. 끝없이 돌발상황이 발생한다. 인공지능 프로그램만 믿으면 한순간 돌이키기 어려울 정도로 큰 손해를 보기도 한다.

그러니 이런 질문을 해보아야 한다. 오늘날처럼 온갖 과학기술이 발달하고 편리한 도구가 많음에도 불구하고 부엌에서는 여전히 고대로부터 사용해온 단순간단한 도구인 칼과 도마가 많이 쓰이는 이유는 무엇일까? 사람들은 '같은 음식'을 되풀이해서 먹으려 하지 않는다. 끝없이 다른, 새로운 것을 찾는다. 그것이 인간의 존재조건이다. 그 문제를 해결하려면 무한한 경우의 수를 해결할 수 있는 칼과 도마, 그리고 인간의 재능과 열정적인 창의성만 가능하기 때문이다. 그러니 칼과 도마가 사라질까?

1

창의적인 삶을 추구하는 사람들은 재능의 문제를 고민한다. 열심히 해도 잘 안 되는 이유가 재능이 모자라기 때문이라고 생각하는 것 같다. 그럴지도 모르지만 그게 아닐지도 모른다. 두 가지 이유 때문이다.

가장 큰 이유는 재능에 대한 오해에서 시작된다. 게다가 재능이 '발견'되는 게 아니라 '발명'되는 경우가 많다. 그 책임의 상당 부분은 개인이 아니라 사회구조에 있다. 그 구조를 이해하고 나면 '재능의 문제'에 대해 어느 정도 답을 얻을 수 있다. 그에 대해서는 본문에서 자세하게 설명할 것이다.

두 번째는 창의성에 대한 오해에서 비롯된다. 창의성이 발휘되는 방법에 대한 오해도 크다. 창의성을 개인적인 것이라고 생각하는 경향이 있다. 그렇지 않다. 창의성은 사회적인 것이다. 개인적인 것이라는 주장이 옳다면 우리 모두에게 그리 중요한 것이 될 수 없다. 낙서는 작품이 아닌 것과 마찬가지다. 자연림 깊은 곳에서 아무도 모르게 번개를 맞아 사라져버린 나무 같은 것이다. 있었지만 없었던 것이다. 그것이 의미를 가지려면 그 사건이 발견되어 사회적인 의미가 부여될 때다. 우리에게 영향력을 발휘하는 세상은 있는 그대로의 세상이 아니라 우리가 알고 있는 만큼의 세상이다. 나머지는 있지만 없는 것이다.

게다가 창의성이란 무작정 '새로운 아이디어'와 관련된 것이라고 생각하는 경향이 있다. 그러나 생각해보라. 새로운 것이 무엇인지 알려면 먼저 고루하고 진부한 것이 무엇인지 알아야 한다. 그런 의미에서 창의성은 전통에 뿌리박고 있는 것이다. 미술사를 공부해보면 너무나 잘 알게 된다. 그 '천재적인 화가'들 역시 새롭고 중요한 작품을 그려내기 전에 얼마나 열심히 선배들의 그림을 모사했는지. 그에 관한 한 예외가 거의 없다. 그것은 또 사진이나 비디오 역시 회화의 역사와 전통에 얼마나 깊이 뿌리박고 있는지를 생각해보면 너무나 분명하다. 글을 잘 쓰고 싶다면 좋은 작품을 많이 읽어봐야 한다. 물론 단지 '읽어보는 것'만으로는 충분치 않지만.

그 문제는 뒤에서 다시 다룬다. 이 책은 이런 중요한 문제에 대한 오해 때문에 시작되었다. 사람들이 묻기에 설명해주었던 것이다. 그들은 재능과 창의성의 의미와 방법에 대해 오해하고 있었던 것 같다. 그 오해가 풀려나가면서 사람들은 즐거워했다. 덩달아 설명하는 나도 신이 났다. 이 책은 그 즐거웠던 대화의 기록이다.

2

창의성을 가장 잘 배우는 방법 역시 '전수 받아서 습득하는 것'이다. 그것도 세 가지 방법이 있다. 스승과 함께 부대끼면서 배우는 방법, 강의를 듣는 방법, 책을 읽는 방법이다. 사람들은 첫 번째나 두 번째 방법을 늘 최고라고 한다. 동의한다. 그럴 것이다. 그러나 그건 한계가 너무나 분명하다.

인류는 책을 통해 그 비법을 내리물림해왔다. 사람들은 책을 통해 배웠고 그 속에 담긴 대가의 수준을 넘어섰다. 인간의 창의성이 텍스트의 다양한 의미를 해석해내고 그것을 현실에 적용시키는 창의력을 가졌기 때문이다. 그런 창의성과 창의력은 누구나, 바로 당신도 가지고 있다.

그동안 나 역시 창의성에 대한 책을 많이 읽어보았다. 내 생각을 정리하기 전에 다른 사람들의 생각을 훑어보는 것은 매우 중요한 일이기 때문이다. 대개의 경우 유령에 대한 설명을 읽는 것 같았다. 있지만 없는 것, 없지만 있는 것이 유령 아닌가. 유령에 대한 설명은 물을 손으로 잡으려는 것과 비슷하다. 물은 손을 적시면서 자신의 존재를 느끼게 하지만 곧바로 빠져나간다. 마르고 나면 흔적도 없이 사라진다.

물은 생명을 창조하는 신비로운 물질이다. 얼음은 고체인데 액체인 물보다 가볍다. 그래서 물속의 생명이 생기고 존속할 수 있었을 것이다. 물의 전신은 기체였다. 수소와 산소의 창발적 변신의 결과인 것이다. 생물체는 대부분 그 물로 채워져 있다. 인간의 몸도 60% 이상 물로 채워져 있고, 어떤 생명체는 90% 이상이 물이다. 생명체는 물의 창의적 산물이다. 우주의 또 다른 지적 생명체를 찾는 과학자들이 물의 존재를 확인하려는 이유이다. 그 신비로운 물이 지구에서만 생명체라는 창발적 존재를 창조한 것으로 보인다. 지금까지의 연구에 따르면 모든 생명체는 재능과 창의성을 가지고 있다. 살아 있다면 창의적인 기적의 결과이다. 이 책을 읽고 있는 당신처럼.

이 책에서 그 유령 같은 창의성을 잡아 보여주려 했다. 추상적인 규정은 어쩔 수 없다고 하더라도 현실적인 예를 통해 구체적으로 보여주려 했다. 특히 1장과 14장, 15장, 16장에서는 이제 우리의 일상으로 들어온 범용 AI모델의 근본적인 문제와 미래 전망, 창의적인 사용방법, 인공지능의 미래까지 다루었다. 미래를 위한 독자의 재능을 발견하고 창의성을 개발하는 데 도움이 되길 바란다.

참고로 이 책에서는 AI와 관련된 비교적 난해한 기술적 문제를 깊이 다루지 않았다. 그러나 내년에 출간될 예정인 '현대 과학의 핵심'을 다룬 책에서는 관련 기술과 수학적 진실에 대해 좀 더 깊이 다룰 것이다. 이 책을 읽고 나서 한 발 더 나아간 그 내용이 궁금해지면 좋겠다.

잊지 말기를 권하는 아포리즘이 하나 있다. '천재는 열심히 하는 사람을 이기지 못하고 열심히 하는 사람은 즐기는 사람을 이기지 못한다.' 나는 옛말을 그다지 좋아하지 않지만 이 말에는 전적으로 동의한다. 이 책을 즐기시길 바란다.

차례

프롤로그   **AI시대의 경쟁력, 당신의 재능과 창의성**   5

1부   **더 오래 살게 된 인간에게 필요한 것**   15

     1 — AI, 아주 잘 준비된 사람을 위한 도구   17
     2 — 왜 우리는 엉터리 재능을 발명하는 걸까?   29
     3 — 거대한 진부함에 도전하는 창의력   47

2부   **거인의 어깨 위로 올라가는 여정**   57

     4 — 창의력, 유전자에 새겨진 경쟁력   59
     5 — 최고의 작품은 네 번 태어난다   73
     6 — 거인의 어깨 위에 올라 춤추기   85
     7 — 내가 나를 초월하는 창의력   95

3부   나만의 창의성 비밀노트   103

8 — 우리는 모두 천재입니다   105
9 — 체제교육이라는 나름의 역할   121
10 — 우연과 환경의 결과, 천재성   133
11 — 낙서와 노이즈의 엄청난 위력   159
12 — 걸작은 어떻게 탄생하는가?   177

4부   인생질문 세 가지와 그 답을 찾아서   183

13 — 왜 다시 인문학일까?   185
14 — AI가 닿을 수 없는 인간의 창의력   197
15 — AI의 일, 인간의 일   215
16 — 차원의 저주와 살롱의 귀환   235

에필로그   **창의력의 부활을 예고하는 최후의 만찬**   255

1부

더 오래 살게 된
인간에게 필요한 것

1

AI, 아주 잘 준비된 사람을 위한 도구

10년 전 대학에서 내 교양강좌를 들은 한 제자에게 연락이 왔다. 그는 이후에도 내 공개강좌를 찾아 들었다. 보기 드물게 명석할 뿐 아니라 독서량도 많았던 제자이다. 현재는 광고기획사에서 카피라이터로 일하고 있다면서 상담을 받고 싶다고 했다. 일주일 뒤에 만났다. 간단한 안부인사를 주고받은 뒤 그 제자는 단도직입적으로 물었다.

"선생님께서도 범용 인공지능 프로그램을 사용하시는지요?"

"여러 개를 사용합니다."

"혹시 평생 공부하신 것에 대한 회의는 들지 않으셔요? 뭐든 물어보면 척척 대답해주니까요."

"아, 그렇게 생각할 수도 있겠군요. 그렇지만 나에게 인공지능 프로그램은 요리할 때 사용하는 부엌칼 같은 도구일 뿐입니다. 어떤 도구든 사용법을 배워두어야 유용하게 쓸 수 있잖아요. 그러니까 초점을 달리해서 사용해보면 '미리 공부했기 때문에 잘 쓸 수 있다'는 생각이 들 겁니다. 그러지 않았다면 인공지능 프로그램을 유용한 도구로 사용하기 어려울 테니까요. 그동안 재미있게 읽었던 책을 떠올려보세요. 거기에 실린 내용은 전혀 몰랐던 것이었나요?"

"그렇지 않았던 것 같습니다."

"어떤 책이든 독자가 재미있게 읽는다면 팔십 퍼센트 정도는 아는 내용입니다. 가장 극단적인 예가 추리소설이 될 겁니다. 아주 재미있게 읽지만 끝까지 '모르는 것'이 많은가요?"

"아니죠. 범인이 누구인지를 결정적으로 알려주는 사실 한두 개가 뭔지를 찾아가는 과정이니까요."

"학술논문들도 마찬가지입니다. 학술공동체 멤버라면 모두가 아는 내용으로 채워져 있습니다. 그 내용을 바탕으로 약간의 새로운 발견으로 나아가는 겁니다. 그것이 받아들여지면 중요한 학술잡지에 게재되고 관심을 받는 거잖아요. 그렇지만 '미리 공부해서 알아둔 것'이 없다면 그 논문의 의미를 파악하기 어려울 수밖에 없죠. 유용하지 않은 겁니다. 구조적으로 보면 추리소설과 비슷한 겁니다."

"추리소설이 인공지능 프로그램과 어떤 관계인지 잘 모르겠군요."

"전형적인 추리 스릴러 소설이든 드라마든 하나를 떠올려보세요. 탐정의 매력은 언제 발휘되나요? 어느 순간 핵심을 찌르는 질문을 하고 그 누구도 알지 못했던 답을 찾아내잖아요. 그러기 전에는 뭘 하나요?"

"데이터를 수집하러 다니죠. 사건 주변의 환경과 관련된 사람들에게 많이 '질문'하면서요."

"질문하면 입력된 데이터를 검색해서 대답해주는 것, 그게 인공지능 프로그램의 역할입니다. 그런데 잘 생각해보세요. 그 데이터의 출처가 모두 어딥니까? 텍스트입니다. 말이 아니라 글이에요. 글이 씌어지는 과정에서 사용된 가장 중요한 소스는 책입니다. 그동안 우리는 궁금한 내용이 생기면 책에게 질문하고 답을 얻었잖아요. 인터넷 콘텐츠의 뿌리를 추적해보면 그 근원은 책입니다. 그렇게 보면 인공지능은 5,500년 전에 시작되어 발전된 형태인 겁니다."

"아, 그렇군요. 전에는 새로운 프로젝트를 아주 잘 해내고 싶으면 인터넷 검색도 하지만 도서관에 가서 관련 자료들을 뒤지고 논문도 찾아보았고, 책도 많이 사보았습니다. 그런 과정을 거쳐야 무엇을 질문해야 하고, 그 질문에 대한 답을 어떻게 찾을 수 있는지 감을 잡곤 했습니다. 인공지능은 바로 그 방대한 양의 텍스트를 축적해서 빠르게 검색할 수 있게 만들어진 도구라고 봐야겠군요."

"그렇죠? 그런데 책이나 논문에 씌어 있다고 해서 그게 다 진실 그대로이던가요? 예를 들면 보수적인 역사가와 진보적인 역사가가 다룬 역사적 사건에 대한 해석이 같나요?"

"아주 다르죠. 입장에 따른 차이가 큽니다."

"맞습니다. 그러니까 어떤 콘텐츠든 결국 사용자의 판단을 거쳐야 실질적이고 유용한 '답'이 되는 겁니다. 데이터를 수집하더라도 누구의 입장에서 본 사실인지, 표면적으로 드러난 사실이 말 그대로인지, 거짓을 사실처럼 포장한 것인지를 구별할 줄 아는 훈련이 되어 있어야 하는 거지요. 그리고 무엇보다 중요한 것은 그 많은 데이터를 바탕으로 '핵심적인 질문을 발견'하는 일입니다. 그 질문이 지금 내가 해결하려는 문제의 해결책으로 가는 길이지요. 인공지능 프로그램은 새로운 문제의 해결책을 찾기 위해 '필요한 질문'이 무엇인지는 모릅니다. 관련된 정보를 가지고 있을 뿐이지요. 해결책도 제안해보라고 할 수는 있지만 그 유효성은 결국 사용자가 판단해야 합니다."

"그렇군요. 사용자가 지적으로 미리 훈련되어 있지 않으면 안 되겠군요."

"범용 인공지능 프로그램은 이전의 그 어떤 미디어보다 더 정교한 논리구조를 가진 텍스트를 내놓습니다. 이때 텍스트는 글자만이 아니라 소통 가능한 모든 것을 텍스트라고 할 수 있습니다. 소리나 이미지도. 그 정보를 얼마나 잘 사용하느냐 하는 것은 사용자에게 달려 있습니다. 마치 명탐정이 사건의 전말을 알아내기 위해 많은 질문을 하고, 그에 대한 대답들에서 참과 거짓을 판별한 다음 진실을 재구성하는 것과 비슷한 겁니다. 그러니 사용자가 지적으로 훈련되어 있어야 잘 사용할 수 있겠지요."

"인공지능 프로그램의 대답에도 거짓이 많나요?"

"그런 경우가 많다 보니 이를 가리키는 용어까지 생겼습니다. 인공지능의 환각(hallucination)이라고 하는 거지요. 의도한 거짓말이 아니라 착각 같은 것이라는 의미를 담고 있어요. 요즘은 아주 정교한 거짓말도 자주 보입니다. 이건 뻔한 거짓말보다 더 심각한 문제가 될 수 있지요."

"선생님이 경험해본 정교한 거짓말은 어떤 게 있나요?"

"현대의 고전작품들 해설집을 쓰면서 인공지능 프로그램에게 자료조사를 시켰어요. 사뮈엘 베케트의 『고도를 기다리며』에 찬사를 보낸 인물들 목록을 만들어보라고 했어요. 그랬더니 뜻밖에 사르트르와 카뮈가 포함되어 있는 거예요. 언뜻 보면 그럴듯하죠. 사상적인 측면에서도 닮은 점이 있고, 사르트르나 카뮈 역시 비슷한 시기에 연극계에서 활발하게 활동했으니까요.

그러나 그럴 리 없다는 생각이 들었죠. 사뮈엘 베케트의 연극에 담긴 메시지는 사르트르나 카뮈의 방식을 강하게 부정하는 것이 될 수도 있으니까요. 그들은 입장 차이가 컸습니다. 사르트르나 카뮈는 줄기차게 사람들을 설득하려고 애썼지만 사뮈엘 베케트는 그런 언어가 무의미하다고 보았으니까요. 게다가 사뮈엘 베케트의 작품은 그들의 문화적인 영향력이 줄어들기 시작한 시기에 엄청난 위력을 떨치며 등장했습니다. 칭찬했을 가능성이 아주 낮아요. 서로가 가진 관심영역도 아주 달랐으니까요.

이런 점은 그들의 작품을 꼼꼼하게 읽어본 경험이 없다면 모를 수 있어요. 그런데 범용 인공지능은 문학작품을 읽지 않았거든요. 주로 2차 자료를 중심으로 학습합니다. 적어도 지금까지는 그런 것으로 압니다. 그런데 어쩌면 읽어도 깊이 이해하지 못할 겁니다. 오히려 잘못 이해할 가능성이 더 높을 겁니다. 그 이유를 설명하자면 또 길어지니까 지금은 그냥 넘어가죠.

어쨌든 믿을 수 없었기 때문에 인공지능에게 물었어요. 사르트르와 카뮈가 찬사를 보냈을 리 없어 보인다면서 당시 상황에 대해 조목조목 질문하면서 짚어갔습니다. 그랬더니 결국 꼬리를 내리더군요. 자기가 잘못된 정보를 제공한 것을 인정하고, 다시는 그러지 않겠다고 사과하면서. 도대체 왜 그런 근거 없는 대답을 했느냐고 물었더니 상관관계만으로 그럴 수 있을 듯해서 '추론'한 것이라고 하더군요.

내 경우는 범용 인공지능과 이런 대화를 자주 하는 편입니다. 특히 문학과 예술, 사회과학, 역사에 대한 내용에는 이런 오류가 아주 많습니다. 그렇지만 미리 공부가 되어 있지 않은 사람에게는 아주 그럴듯해 보일 겁니다. 조심하지 않으면 잘못된 지식으로 무장하게 되는 거지요.

만일 사뮈엘 베케트의『고도를 기다리며』연극 홍보물을 만든다고 해봅시다. 사르트르나 카뮈를 함께 언급하면 도움이 되리라 생각할 수 있을 거고 홍보물에 담을 수도 있지요."

"그렇게 되면 일을 망치는 거죠. 상황에 따라서는 두려운 결과로 이어질 수도 있을 거고요. 선생님 말씀을 듣고 보니 진실을 구별해내는 디테일의 힘이 여기에도 적용되는군요."

"다음 이야기로 넘어가기 전에 이건 꼭 짚어두고 싶군요. 그래서 도움이 되지 않았을까요? 아닙니다. 아주 큰 도움이 되었지요. 인공지능 프로그램이 그런 '정교한 거짓말'을 하지 않았다면 나도 그렇게 자세히 따져보지 않았을 겁니다. 그러면 당시의 프랑스 연극계 분위기나 이 작품의 시대적 맥락을 더 깊이 이해할 수 없었을지 모릅니다. 그리고 중요한 사실도 하나 알게 되었어요. 당시 연극계에서 영향력이 컸던 평론가 중 한 사람이었던 자크 르마르샹(Jacques Lemarchand, 1908~1974)의 찬사입니다. "이 작품은 진정한 걸작이며, 현대 연극계의 최대의 사건이다." 그의 평가 덕분에 작품의 반대자가 많았음에도 불구하고 승승장구할 수 있었던 겁니다. 이런 과정을 거쳤기 때문에 나도 해설원고를 자신있게 잘 마무리할 수 있었습니다.

그러니까 어떤 내용이든 맥락에 대한 지식을 갖추고 있지 않다면 인공지능 프로그램과 이런 대화가 불가능할 뿐 아니라, 필요한 질문을 통한 새로운 사실도 발견할 수도 없는 겁니다. 그런 의미에서 나에게는 핵좋은 도구입니다. 자료조사뿐만 아니라 대화상대가 되면서 내가 가진 관심분야에 대해 더 깊이 생각하게 해주고, 새로운 사고방향을 위한 실마리와 그 정보를 제공하니까요.

그러니 오히려 이전보다 더 많은 책을 미리, 잘 읽어두어야 하는 겁니다. 나는 여전히 일주일에 서너 권의 책을 읽습니다. 그러다가 필요하면 인공지능 프로그램과 두세 시간 정도 대화합니다. 더없이 재미있고 즐거울 뿐 아니라 책을 쓰는 데도 도움이 됩니다."

"인공지능 프로그램을 사용하면 전보다 책을 덜 읽어도 될 것 같은데, 선생님은 책을 더 많이 읽으시는 것 같습니다. 구체적으로 어떤 이유 때문일까요?"

"인류가 생산한 지식에 담긴 복잡한 관계와 디테일이 '논리적으로' 잘 표현된 미디어는 책이 최고입니다. 지금도 앞으로도 그 점은 변치 않으리라 생각합니다. 설사 요리처럼 행동을 위한 지식이라 해도 그 디테일에 대해 아는 사람과 모르는 사람의 발전 정도는 하늘과 땅 차이입니다. 레시피는 검색하면 다 나오니까 별것 아닙니다. 그런데 요리를 정말 잘 해내려면 그 레시피에 담긴 '텍스트의 의미'를 깊게 읽어낼 줄 알아야 하고, 어떤 변화가 어떤 맛이 되는지 알아야 해요. 요리 환경은 언제나 변하니까요. 그래서 재료만이 아니라 조리도구에 대해서도 깊이 이해해야 합니다. 분자요리를 하지는 않더라도 분자요리의 메커니즘을 알면 다른 요리를 할 때 도움이 됩니다. 물리화학적 지식을 응용하는 것이니까요. 게다가 요리는 문화와 역사의 산물이기도 합니다. 내가 아는 뛰어난 셰프들은 모두 대단한 독서가들입니다. 독서하지 않는 셰프들보다 더 깊고 더 멀리 바라보고 더 오래 승승장구할 겁니다."

"좀 뜬금없는 질문입니다만 선생님은 치즈도 좋아하셔요?"

"이탈리아 요리를 할 때는 파르미지아노 레지아노를 쓰는 편이고, 프렌치 양파스프 토핑으로는 그뤼에르, 카프레제에는 모짜렐라, 야채 샐러드에는 리코타도 쓰지만 부라타나 블루 치즈를 씁니다. 말하다 보니 침이 고이네요."

"아, 선생님은 요리도 잘하시죠. 그러면 혹시 치즈숙성 전문가에 대해서 아셔요?"

"그렇잖아도 인공지능으로 대체하기 어려운 직업은 무엇인지 조사해본 적이 있어요. 그런 것 가운데 대표적인 것 하나가 치즈숙성 전문가라고들 하더군요. 인공지능 시대에 인간의 일은 어떤 것이 될지를 상징적으로 보여주는 직업입니다. 비슷한 종류를 보면 발효 전문가, 와인 양조자, 쇼콜라티에, 사케 마스터, 위스키 마스터, 소시지 장인, 푸얼차 전문가, 간장 양조사, 올리브 오일 마스터, 발사믹 식초 전문가 등입니다. 모두 인간의 예민한 감각을 사용하여 수집된 엄청난 데이터를 조합하여 직관적으로 판단해야 하는 종류의 일입니다. 여기에는 아로마 테라피스트도 해당됩니다."

"핵심은 모두가 경험을 통해 축적된 감각적 직관이 필요한 분야들이군요. 그런데 아로마는 과학이 발달하면서 충분히 분석적으로 접근할 수 있을 것 같은데요?"

"그렇지 않습니다. 무엇보다 향기를 과학적으로 분석하기 어렵습니다. 예를 들면 자스민 향만 해도 대략 300가지 이상의 성분으로 구성되어 있습니다. 그런데 그 많은 구성성분이 무엇인지 모두 알아낸다고 해도 인공적으로 재현할 수 없습니다. 그것들 하나하나가 어떤 식으로 서로에게 영향을 미치는지 알 수가 없기 때문이라고 설명하지만, 그게 전부도 아닙니다. 자연의 현상은 성분의 합 이상의 그 무엇입니다. 간단하게 예를 들면 생명의 구성성분을 모두 낱낱이 알아낸다고 해도 인간은 여전히 생명을 만들어낼 수 없습니다. 그래서 리버스 엔지니어링이 불가능합니다.

게다가 향기는 문화적 맥락과 개인적 맥락이 뒤섞여 있어서 어떤 것이 '좋은 향기'인지 쉽게 규정할 수도 없습니다. 문화와 역사적 맥락, 그리고 개인적 상황까지 고려해야 한다면 완전히 케바케라는 의미가 되잖아요. 그러니 아로마 테라피스트 같은 직업은 인공지능으로 대체되기 어려울 겁니다.

치즈숙성 과정도 그와 비슷합니다. 치즈를 숙성시켜주는 미생물 생태계가 너무나 복잡해서 인공지능으로 예측하기 어렵습니다. 그런데 전문가는 겉모습과 코어 상태를 샘플 추출하여 감각적으로 판단합니다. 숙성시키는 과정에서 언제 뒤집고, 닦고, 소금을 뿌리거나 다른 어떤 단계를 거쳐야 할지는 전문가의 직관으로 개입해서 조절해야 합니다. 오래된 경험을 바탕으로 불확실성과 변이성을 관리해야 최고의 치즈를 만들 수 있으니까요."

"결국 오래된 감각적 경험을 바탕으로 한 직관과 종합적인 판단력이 필요한 일이라면 인공지능으로 대체되지 않을 거라는 말씀이시군요."

"그렇습니다. 그게 핵심이지요. 요즘 들어서 예술 분야에도 인공지능이 사용된다는 이야기가 많지만 그건 '신기한 도구'에 대한 감탄일 뿐입니다. 예를 들어 최근에 내가 쓴 현대 고전작품에 대한 해설 한 편을 읽고 인공지능의 해설과 차이가 뭔지 분석해보라고 했어요. 그랬더니 다섯 개의 범용 인공지능의 평가는 모두 비슷했습니다. 인간의 '구체적 경험과 창의적 통찰을 바탕으로 자연스럽게 전달되는 감각적인 문장을 창조해내는 것'은 인공지능이 해낼 수 없는 일이라는 겁니다. 게다가 문장에서 느낄 수 있는 미학적 감각은 아예 고려하지도 못한다는 거고요.

글에는 작가의 일대기가 담깁니다. 독자는 그 구체성을 통해서 시공간에 대한 감각적 공감으로 교감하는 거고요. 그렇지만 인공지능에게는 그런 게 있을 리 없잖아요. 2차 자료를 통해 비슷하게 흉내낼 수 있을지는 모르지만 그 깊이에는 도달하지 못합니다. 그런 의미에서 예술작품 역시 리버스 엔지니어링으로 구현해낼 수 있는 것이 아닙니다."

"그렇다면 결국 흉내내기에 그치는 수준의 작업은 인공지능이 더 잘할 수 있을지 모르지만 그 이상의 결과물, 그러니까 새로움과 창의성이 담겨야 한다면 그건 인간만이 할 수 있는 일이로군요."

"맞습니다. 그게 어떤 일이든 상식적인 수준의 패턴이라면 인공지능이 잘해낼 겁니다. 그러니 인공지능 시대에 어떤 일을 잘 해내고 싶다면 그 이상의 수준, 그러니까 거인의 어깨 위에 도달해야 할 겁니다. 그래야 인공지능 이상의 일을 해낼 수 있을 테니까요."

"결국 인문학적인 교양의 수준이 우리 미래의 삶을 결정하겠군요. 인공지능의 환각을 페이크로 악용하는 사람들도 많을 텐데, 그것을 제대로 구별해내는 것도 지식의 수준과 지적인 훈련의 결과이겠고요.… 사실은 그래서 선생님을 뵙고 싶었습니다. 미래를 대비하려면 누군가의 안내를 제대로 잘 받아야 한다는 결론에 이르렀거든요. 선생님 말씀을 들으니 역시 제 판단이 옳다는 생각이 듭니다. 혹시 괜찮으시면 2주에 한 번 정도 뵙고 인문학적인 지식을 차근차

근 배울 수 없을까요?"

　스케줄을 잠깐 체크해본 다음에 우리는 1, 3주 일요일 저녁 시간에 만나기로 했다. 이후의 내용은 그 기록이다.

2

왜 우리는 엉터리 재능을 발명하는 걸까?

일요일이었지만 오후에 소규모 강의가 있었다. 그날 강의 요지는 대충 다음과 같은 것이었다.

"우리는 이제 이전 세대와 달리 무척 오래 살게 되었습니다. 그러니 60세면 인생이 끝나가던 시절의 단계를 그대로 받아들이면 안 됩니다. 제가 보기에 여러분은 적어도 100세까지는 살 겁니다. 운이 좋으면, 아니 나쁘면, (웃음) 120년이나 150년까지 살지 모릅니다. 그래서 이전과 가장 크게 달라진 점은 시간이 엄청나게 많아졌다는 겁니다. 이 문제를 직업과 연결시켜 생각해야 합니다. 뻔한 이야기지만 행복하게 잘 살기 위해서는 '좋은 직업'을 가져야 합니다. 돈만 많이 버는 직업은 자신을 행복하게 만들어주지 못합니다. 좋아하는 일을 잘 하면서 살아갈 수 있다면 최선일 겁니다.

여기에서 제가 앞에서 말한, 많아진 '시간'의 문제와 연결시켜야 합니다. 옛날에는 같은 일을 10년 정도 하면 잘할 수 있다고 했지만 이제는 그렇지 않을 겁니다. 인공지능이 등장했기 때문입니다. 웬만한 수준의 '지적 노동'은 인공지능이 척척 해내게 될 겁니다. 10년 정도의 공부로는 인공지능이 따를 수 없을 만큼의 결과물을 만들어낼 수 없을 겁니다. 20년은 해야 할지 모릅니다. 다행히도 이제 우리에게는 '시간'이 많습니다. 그렇지만 그 긴 세월을 지속적으로 할 수 있는 일은 어떤 것일까요? 자신의 재능에 맞는 즐거운 일이어야 할 겁니다. 오랫동안 무엇인가를 한다는 것은 되풀이되는 실패의 연속이라는 뜻이기도 합니다. 그럼에도 불구하고 되풀이하게 만드는 동력은 수준의 향상과 함께 그 일을 함으로써 얻게 되는 '나의 즐거움'에서 만들어질 겁니다.

 토마스 에디슨의 말 가운데 제가 기억하는 것은 이것입니다. '나는 1만 번 실패한 것이 아니라 효과 없는 1만 가지 방법을 알게 된 것이다.' 실패가 아니라 안 되는 방법을 하나하나 알아가는 것이 성장과정이었다는 사고방식입니다. 그런 과정을 거친 다음 그는 엄청난 성공을 거두었지요. 오늘날 세계인이 가장 사랑하는 화가 중 한 사람인 빈센트 반 고흐는 생전에 많은 작품을 그렸지만 죽기 전에 단 한 점의 작품이 팔렸을 뿐입니다. 살아 있을 때 성공한 경우를 알고 싶다고요? 조앤 롤링(1965~)은 어떤가요? 『해리 포터』는 출간되기까지 12번 이상 거절을 당합니다. 실직 상태의 싱글맘으로 극심한 우울증을 겪으며 꿋꿋하게 글을 썼고, 포기할 만큼의 거절에도 굴하지 않고 되풀이해서 시도했습니다. 결과는 다들 아시지요?

세계적인 베스트셀러 작가가 되었죠. 서른네 살쯤에 엄청난 부자가 되었고, 그 돈의 많은 부분을 자선사업에 쓰고 있습니다. 현재 예순이지만 이만하면 생전의 모험과 성공 사례로 충분하지 않나요? 소설가 스티븐 킹의 경우도 가난한 어린 시절부터 글을 썼습니다. 역시 '수없이 많은 거절'을 당하면서도 고집스럽게 계속했습니다. 결국 세계적인 소설가가 되었지요. 이들 삶의 환경은 매우 열악했을 뿐 아니라 미래에 대해 아무런 약속도 없는 '예술행위'를 되풀이했다는 겁니다. 실패는 성공으로 가는 과정입니다. 이 점을 잊지 말았으면 좋겠습니다. 이들의 작품을 꼼꼼하게 들여다보면 대단한 재능도 발견할 수 있습니다. 그러나 성공하는 과정은 절대로 단순하지 않습니다. 진정한 성공은 오랜 훈련과정과 함께 '필요한 실패'과정도 겪은 뒤에야 오는 것입니다."

두 시간 강의 내용의 디테일을 여기에 모두 쓸 수는 없다. 다만 이날 강의를 마치고 제자와 저녁 식사를 하며 이어진 대화와 관련된 부분만 담았다. 저녁 식사를 하면서 제자가 물었다.
"재능은 꼭 필요한 건가요? 노력만으로는 안 되는 건가요?"
"예, 그럴 겁니다. 예술이나 예술스러운 어떤 일이라면 꼭 필요합니다. 노력만으로는 안 되는 게 아니라 어떤 의미에서 노력은 아무런 관계가 없습니다."
"제가 타고난 재능이 무엇인지 알 수 있는 방법은 없을까요?"
"타고난 재능이 구체적으로 어떤 것인지는 말하기가 쉽지 않습니다. 그렇지만 대충 생각해도 재능이란 게 있음이 분명해요. 친구들을 떠올려보세요. 대화하는 모습만 해도 다들 조금씩 다릅니다. 태도나 말투, 기발한 정도, 생각의 속도, 표정, 유머스러움, 진지함 등등. 다르니 다른 만큼 각자 다른 일에 좀더 적당한 소질을 가지고 있다고 볼 수 있지 않겠어요? 그 소질이 확대되면 어떤 특별한 일에 대한 재능이 되겠지요.

"선생님께서는 재능이 있어서 작가가 된 건가요?"

"글쎄, 그것도 대답하기가 무척 어렵군요. 나는 어렸을 때 글을 잘 쓴다고 칭찬을 받아본 적이 없습니다. 백일장을 나가보거나 그러지도 못했죠. 시인이 되고 싶었지만 그러지 못했어요. 그런 노력이 실패의 과정이었다고 볼 수 있습니다. 그렇지만 텍스트에는 익숙한 편이었지요. 지금 대답하면서 생각해보니 좀 묘한 데가 있긴 합니다. 우리 집에는 책뿐만이 아니라 문화적인 요소가 전혀 없었어요. 그런데 아장아장 걸으면서 혼자서 만화방을 찾아갔고 그때부터 책의 세상에 발을 들여놓았으니까요. 어쨌든 내가 처음으로 '글을 잘 쓴다'는 공개적인 칭찬을 받은 것은 스물다섯 살 때입니다. 그 당시에는 돈을 벌어야 했어요. 너무나 가난해서 쌀 한 톨이 없어서 굶는다거나 연탄 한 장 살 돈이 없어서 냉방에서 지낼 때도 있었으니까요."

"그런 고생을 하신 분 같지 않아요."

"그러나 그랬어요. 아무튼 그 당시 우연히 대학생 현상논문 모집 광고를 보았습니다. 4·19혁명을 주제로 한 것이었는데, 상금이 꽤 컸어요. 50만 원이었는데 지금 가치로 보면 1000만 원 정도 될 겁니다, 아마."

"그 논문을 써서 상금을 받으셨군요."

"그것도 그랬어요. (웃음) 그 당시에는 요즘과 달리 인터넷이 없었을 뿐 아니라 책 한 권을 읽고 그 내용을 실마리 삼아 또 다른 책을 찾아볼 수밖에 없을 만큼 자료 찾기도 어려웠습니다. 그나마 도서관도 폐가식이라 한 권 한 권 신청하고 기다렸다가 받아보아야 했어요. 볼 만하다 싶어도 충분히 빌려주지 않았어요. 그러니 도서관에 가서 자료를 뒤져보고, 참고할 만하다면 복사를 해서 모았어요. 당시에는 복사비가 꽤 비쌌던 때라 돈이 많이 들었습니다. 나중에 논문을 써 내고 보니 라면 박스 두 개에 담아야 할 만큼 복사를 했더군요."

"밥도 못 먹을 정도로 가난하셨다면서 어떻게 그러셨어요?"

"필요할 때 돈을 빌려주는 친구들이 있었고, 가끔은 외상으로도 가능했어요. 그런데 지금 생각해도 신기한 것은, 마치 내가 당연히 상금을 받을 것처럼 행동했다는 겁니다. 어쩌면 자료를 읽고 생각하고 논문을 쓰는 과정에 몰입해 있었던 것인지도 모릅니다. 그 어려운 상황에서도 자료비가 많이 들었기 때문에 상금을 못 받으면 큰일이라거나 하는 걱정은 해본 적이 없어요. 알바도 그만두었는데 망설이지도 않았어요. 그저 재미있게 몰입해서 썼을 뿐입니다. 그랬더니 참 잘했다고 칭찬해주더군요. 그제야 알았습니다. 아, 내가 산문을 잘 쓰나보다. 그리고 그 뒤에 내 능력을 확인하고 싶어서 한 번 더 해보았어요. 두 번째는 남북통일을 주제로 한 현상논문이었는데 역시 참 잘했다는 칭찬을 받았죠."

"상금을 받았다는 말씀이시죠?"

"하하, 그랬어요."

"그러면 선생님 말씀은, 자기도 모르게 무슨 일엔가 몰입할 수 있는 능력이 재능이라는 뜻인가요?"

"거칠게 말하면 그럴 수도 있겠네요. 그런데 말입니다, 나는 음악도 좋아하고, 게임도 좋아하고, 운동도 좋아해요. 가끔 그것들에 몰입하기도 하고."

"악기로 연주하거나 그림을 그려본 적도 있으세요?"

"피아노와 클래식 기타를 조금, 그리고 그림 역시 조금 시도해본 적이 있습니다. 재미있고 즐거울 뿐 아니라 가끔 몰입되기도 했어요. 그런데 자주 깨어나 버리더라고요. 나도 모르게 연주를 하고 있다거나 그림을 그리고 있다거나 하는 일도 없었습니다. 오히려 잘 하려면 열심히 연습을 해야 한다는 의무감 때문에 괴로웠던 적이 많았어요. 동호회 활동도 했으니까 합주를 위한 연습이나 전시회 준비을 해야 하는데 안 하고 있는 내가 싫거나 미워지기도 했으니까요."

"그러니까 그런 경우는 재능이 없다고 봐야 한다는 건가요?"

"어쩌면 그럴 겁니다. 지금 내 몸매를 보면 믿어지지 않겠지만, 테니스 선수가 될 수도 있었어요. 군대에서는 지휘관 코치였어요. 그런데 그런 일들은 모두 잘하고 있다는 생각이 들지 않았어요. 그래서 지금은 다 못하는 일이 되어버렸어요. 안 한 지 너무 오래 되었으니까요."

"그런데 글 쓰는 일만은 그렇지 않았다는 거군요."

"그랬어요. 나는 글을 쓰기 위해 억지로 애쓴 적이 별로 없어요. 즐겁게 독서하고 산책하며 생각하다 보면 어느 순간 글을 쓰고 있었어요. 오래전 일이지만 만화가 이현세 씨와 이야기를 나눈 적이 있어요. 그가 그러더군요. 젊을 때 직장을 다녔는데 정신을 차리고 보면 사무실 책상 서류 위에다 온통 만화를 그리고 있었다고 해요. 그런 상황과 비슷했어요. 지금 이 책을 쓰는 동안에도 나는 너무 재미있어서, 드라마나 게임이 모두 시시해졌을 뿐 아니라 밥 먹는 것도 귀찮고 잠도 자기 싫을 정도였어요."

"그렇다면 선생님, 어떤 일에 재능이 있다는 뜻은 그 어떤 일에 저절로 몰입되는 것이로군요."

"재능을 영어로 기프트(gift)라고도 하는데 적절한 표현입니다. 태어날 때 누구나 받은 선물이거든요. 그런데 사람마다 다 다른 것을 받는 것 같습니다."

"그런데 제가 받은 그 선물이 무엇인지, 어디에서 발견할 수 있는지 모르겠어요. 그런 걸 제가 가지고 있는지도 잘 모르겠고요. 그걸 알고 싶어요."

"그것도 당연한 겁니다. 누구나 어떤 재능을 타고 나지만 그것이 무엇인지 알기는 쉽지 않아요. 자기 것이지만 자기도 모르는 경우가 많아요. 그래서 고민스러운 것이지요."

"왜 제가 가진 재능이 무엇인지 알기가 어려운 것일까요?"
"발견되지 않고 발명되기 때문입니다."
"놀라운 말씀이군요. 자기 재능을 자기가 발명한다니요."

재능은 어떻게 발명되는가?

"현대판 〈여우와 신 포도〉 이야기 들어봤어요? 원래는 이렇죠. 여우가 포도나무 아래를 지나다가 먹음직한 포도를 발견해요. 그런데 높이 달려 있어서 아무리 애를 써도 따먹을 수가 없어요. 그러니까 '에이, 저건 신 포도라 먹을 수 없는 걸 거야.' 이런다는 거죠. 자기가 이룰 수 없는 목표는 가치 없는 것으로 치부하는 무능력한 사람에 대한 이야기입니다. 무엇인가를 이루려면 좀 더 노력해야 하는 거지, 해보지도 않고 자기합리화하면서 쉽게 포기하면 안 된다는 교훈을 담고 있어요."

"현대판 이야기는 반대의 교훈을 담고 있나요?"

"그렇습니다. 여우는 모두가 먹고 싶어하는 바로 그 포도를 무척 노력해서 따먹습니다. 주위에서는 박수갈채를 보내지요. 대단하다고 말입니다. 그런데 여우에게 고민이 생깁니다. 아주 죽을 힘을 다해 따먹은 그 포도가 정말 신 포도였던 거예요. 그것을 뱉으려는데 여우의 노력과 결과에 대해 주변 사람들이 열광하는 겁니다. 고민 끝에 여우는 그 신 포도를 정말 단 포도처럼 먹기로 했습니다. 주변

그림 1 | AI로 제작한 이미지. 포도를 개무시하는 아름답고 영특한 여우의 모습

사람들의 칭찬과 기대를 저버릴 수가 없었던 겁니다. 그렇게 '주변 사람들을 위해' 계속 신 포도를 따먹던 여우는 병이 생겨 고통스럽게 죽어요. 죽으면서 후회하지요. 자기가 바랐던 것이 아닌 줄 알았을 때 그만두었어야 한다는 거죠."

"그러니까 남들의 칭찬과 기대에 따라 행동했던 여우의 불행에 대한 이야기로군요. 그렇게 생각하면 옛날의 〈여우와 신 포도〉에 등장하는 여우가 매우 현명했던 거고요."

"그렇죠. 그건 이야기 속에 등장한 여우를 헐뜯은 이야기였을 수도 있죠. 포도를 따지 못한 여우의 진짜 생각이 무엇인지 어떻게 알았겠어요? 그런데 이야기하는 사람이 잘 알지도 못하면서 자신의 목적에 맞게 여우의 '속마음'을 마음대로 지어낸 거죠. 실제로는 여우가 이렇게 생각했을지도 모르는 겁니다. '저건 내 키로는 딸 수 없을 만큼 높이 달린 포도야. 게다가 나는 포도를 좋아하지도 않아. 그러니 지나치게 애쓸 필요가 없지. 새들이 먹기 좋은 곳에 달렸으니 그들이나 먹게 내버려두자고.' 사실 여우가 포도를 따먹지 못한 것이 매우 잘된 일이었는지 모릅니다. 개의 경우를 보면 포도가 급성 신장 손상을 일으키는 경우가 많거든요."

"이야기 밖으로 나와서 이야기를 바라보니 새로운 해석이 가능해지는군요."

"맞습니다. 어떤 이야기든 해체해서 해석할 필요가 있어요. 그것이 충분한 이해의 시작이니까요. 아이러니한 것은 생물학적인 관점에서 보아도 포도는 여우 건강에 나쁜 것이 아닐까 싶어요"

"해체한다는 건 무슨 뜻인가요?"

"조금 전에 이 '여우와 신 포도' 이야기를 해석한 방식이 그런 겁니다. 좀 더 자세한 설명은 뒤에서 다시 하겠습니다. 그것도 창의성과 관계가 있는 것이니까요."

"예, 다시 재능의 발명에 대한 이야기로 돌아가죠."

"우리 주변에는 한때 가수였던 사람, 한때 소설가였던 사람, 한때 시인이었던 사람, 한때 화가였던 사람들이 많아요. 그 숫자가 '여전히 예술가'인 사람들에 비해 훨씬 더 많습니다. 문학창작과나 그 비숱한 교육을 하는 과가 얼마나 많은지, 또 일 년에 몇 명이 데뷔하는지도 세어보세요. 최근 십 년 동안 배출된 사람 수만 해도 무척이나 많을 겁니다. 그렇지만 여전히 작가이거나 화가인 사람은 손가락으로 꼽을 정도로 적어요. 다 그런 것은 아니겠지만 대개는 스스로 발명된 재능에 속은 경우가 많아서 그렇다고 생각합니다. 자신이 하고 싶었던 것이 아니라 남들이 보내주는 박수와 기대에 부응했던 것이지요."

"더 구체적으로 설명해주시면 좋겠어요."

"가장 큰 이유는 사회적인 겁니다. 무엇보다 자신이 어떤 재능이 있는지 알려면 다양한 일을 경험해야 할 겁니다. 그런데 우리는 자신의 진정한 재능을 발견할 정도로 '다양한 경험'을 하기가 어렵습니다. 오히려 몇 안 되는 선택지 가운데 하나를 위해 자신의 재능을 발명해야 할 정도예요. 이 역시 좀 아이러니하지만 맨 먼저 부모가 막아섭니다. 부모들은 자신의 경험으로 얻은 지식과 사회적으로 권장되는 방식으로 아이들의 성장환경을 만듭니다. 말하자면 부모들의 경험과 사회적인 권장사항 안에 아이들을 가두는 것이지요.

그 다음에는 체제교육이 그렇게 합니다. 사실 체제교육은 애초부터 한 개인이 행복하게 살아가는 데는 그리 큰 관심이 없어요. 시스템이 잘 굴러가기 위해 필요한 사람을 만드는 것이 목적이니까요. 이건 부모나 체제교육을 비난하는 것이 아니라 그들의 최우선 역할을 말하는 겁니다. 이런 환경은 체제유지를 위해 바람직한 행동의 표본을 끊임없이 제시하고 그러도록 부추기는 것이지요. 그럼으로

써 절대가치보다는 교환가치가 높은 일을 하는 데 더 관심을 가지게 만듭니다. 그런 환경에 잘 적응하려면 자신의 재능을 발명해서라도 맞출 수밖에 없는 거지요."

"교환가치와 절대가치를 말씀하시니 마치 경제학 설명 같군요."

"사실 경제학 이론은 인간의 행동방식을 이해하는 데 도움이 됩니다. 그러니 여기에서 '가치의 아이러니'에 대해서 설명하고 넘어가야겠군요. 교환가치는 거의 언제나 절대가치와 다릅니다. 물이나 공기가 생명을 유지하는 데 절대적인 것이지만 너무나 흔해서 교환가치는 거의 제로에 가깝지요. 그렇지만 다이아몬드는 우리가 살아가는 데 꼭 필요한 것도 아닐 뿐 아니라 실제로 유용하게 쓰이는 경우가 매우 한정적입니다. 그렇지만 교환가치는 무척이나 크지요. 이런 것을 가치의 아이러니라고 합니다.

이렇게 아이러니한 일이 일어나는 이유는 두 가지입니다. 희소성과 사회성 때문이죠. 희소성이란 생산량이 적다는 뜻입니다. 그리고 무척이나 아름다워서 사람들이 갖고 싶어합니다. 그게 사회성이지요.

재능도 그런 '가치'의 영향을 받습니다. 사람들은 자신의 재능에 맞는 일이 설사 절대가치가 높다고 하더라도 선택하기를 주저합니다. 예를 들어서 사람을 보살피는 데 뛰어난 재능은 참으로 소중하지요. 그렇지만 그런 재능을 가진 사람도 사회복지사가 되려는 사람은 많지 않습니다. 교환가치가 작기 때문입니다. 쉽게 말하면 돈을 많이 벌 수가 없습니다. 거꾸로 변호사나 의사, 기업가는 교환가치가 상대적으로 높지요. 그러다 보니 자신의 재능과 상관없이 그 일을 하려는 사람들이 많습니다. 예술 분야에서도 어느 정도는 그런 일이 일어나지요."

"지금 설명해주신 것이 재능의 발명과 어떤 관계가 있는지요?"

"이런 예를 들 수 있어요. 음식점을 하나 운영한다고 가정해봅시다. 그 음식점이 잘 되려면 누구의 역할이 창의적이어야 할까요?"

"주방장이 아닐까요? 음식점이라면 아무래도 음식이 가장 중요할 테니까요."

"그렇죠. 그리고 운영자는 보수적이면서도 창의적일 필요가 있어요. 보수적인 판단을 통해 시스템이 잘 유지되게 해야 하고, 또 환경의 변화를 예측하고 적응하기 위해서는 진보적이면서 창의적이어야 하겠죠. 이 둘을 빼면 설거지하는 사람들, 홀에서 서빙하는 사람들, 카운터에서 계산하는 사람들 등이 필요할 겁니다. 그런데 뛰어난 주방장이나 운영자는 많지 않습니다. 그런 사람들은 구하기도 어렵고 길러내기도 어려워요. 어쩌면 길러낼 수 없는 사람들인지도 모릅니다. '창의적인 일'을 하는 사람들이기 때문이지요. 창의적인 사람들은 시스템을 만들어가는 사람들이지 시스템이 만들어내는 사람들이 아닙니다. 그러나 그 밖의 일을 하는 사람들은 최소한의 교육으로 얼마든지 길러낼 수가 있어요. 매뉴얼을 이해하고 따라할 줄만 알면 되니까요. 그들은 시스템이 유지되는 데 필요한 일을 합니다. 그런 사람들은 아주 많이 필요해요. 그러니까 체제교육은 시스템의 유지를 위한 사람들을 길러내는 교육을 하는 겁니다. 그래서 학교에서는 인내와 노력, 성실성 같은 것을 가르칩니다. 한 마디로 말하면 복종심을 가르치는 거지요."

"왜 복종심을 가르쳐야 하나요?"

"앞에서 사람들은 누구나 다 자기 나름대로의 재능을 가지고 있다고 설명한 것을 기억하죠? 그래요. 누구나 다 '나름대로의 재능'을 가지고 있습니다. 그런데 그 '나름대로의 재능' 가운데에는 시스템을 유지하는 데 그다지 필요하지 않은 것들도 많아요. 교환가치가 없거나 적은 것들이죠. 앞에서 예를 든 음식점을 생각해보세요. 음식점에서 필요한 사람은 운영자, 주방장과 보조, 서빙, 카운터 등일 겁니다. 겨우 네 가지 정도의 종류밖에 없어요. 만일 세상이 음식점 같은 곳이라고 하면 살아남기 위해서 자신의 재능을 이 네 가지 가운데 하나에 맞추어야 하지 않겠어요? 대단히 안타까운 일이지만 인간 사회가 잘 유지되려면 모두가 하고 싶은 일을 할 수는 없지요. 하기 싫어도 억지로 해야만 하는 필요한 역할을 해야 하는 사람이 있어야 해요."

"아, 이제 알겠어요. '여우와 신 포도'라는 이야기는 '조작된 선택'을 당연한 것처럼 여기게 만드는 것이로군요. 그 이야기를 듣다 보면 여우가 신 포도를 따는가, 따지 못하는가에만 집중하게 되는데 여우로서는 그럴 필요가 없는 것이었죠. 그런데 그런 의심하는 사람이 많아지면 시스템 유지를 위해 필요한 사람이 부족해지거나 시스템이 유지되기 어려운 불행한 사태를 맞게 되겠군요. 그래서 복종심을 가르치는 거군요."

"맞습니다. 이런 이야기는 이야기 바깥에서 바라보면 그 이야기에 담긴 음험한 의도가 금방 드러납니다. 어쩌면 그것이 창의적인 해석 방식의 출발점일 겁니다. 창의성은 던져진 문제에 몰입하는 것이 아니라 던져진 문제부터 해체하고 재구성하면서 시작되는 것이니까요. 창의성에 대한 이야기는 뒤에서 다시 좀 더 길게 하죠."

"그렇다면 결국 자신의 재능에 맞는 '창의적인 일'을 하려면 그런 체제 유지를 위해 주어지는 이야기의 틀, 즉 고정관념이라는 상식적인 사고의 틀에서 조금이라도 벗어나야 하겠군요."

"여기에서 고정관념과 상식적인 사고의 틀이 꼭 나쁜 것은 아니라는 점을 짚고 넘어가고 싶군요. 가장 간단한 예가 교통시스템입니다. 오늘 집으로 돌아가는 길에 버스를 타고 가면서 오가는 차를 자세히 보세요. 그 수많은 차가 개인적으로 어떤 약속을 한 것도 아닌데 사고를 내지 않고 제 갈길을 잘도 갑니다. 그건 운전자들에게 내면화된 교통법규 때문입니다. 매우 판에 박힌 고정관념이지만 그 덕에 교통질서가 유지되는 거지요. 우리가 안심하고 다닐 수 있는 것 역시 모두가 지키는 질서가 있다는 믿음 때문이지요. 체제교육에서는 그런 질서의식을 내면화시키는 것이 최우선 과제입니다. 그래야 체제가 안정적으로 유지될 테니까요. 사실 아무리 창의적인 사람이라고 해도 일상생활에서는 상식적일 수밖에 없어요. 그래야 하고요. 운전을 하면서 역주행을 하는 건 창의성이 아니라 자살 내지는 살인 행위가 될 테니까요."

"그런데 어떤 일에서는, 특히 예술적인 일에서는 그런 틀에서 벗어난 사고방식을 가질 필요가 있다는 말씀이군요."

"그렇지요. 그것이 시작입니다. 그래서 창의적인 일에는 고통이 따르는 겁니다. 예술은 시스템의 체제유지를 위한 일상적인 관성과 대결하는 일이에요. 돈도 명예도 따라주지 않는 경우가 많습니다. 위험한 일이지요. 그래서 앞에서 말했던 것처럼 자기도 모르게 몰입되는 재능이 없다면 불행해질 가능성이 큽니다."

"그렇지만 선생님, 언젠가 소프라노 가수인 조수미가 텔레비전에 출연해서 선생님과 반대되는 말을 한 것 같아요. 자신이 노래를 잘하는 이유가 재능 때문이라고 말하는 것을 가장 듣기 싫어한다면서, 노래를 잘하기 위해 얼마나 많이 연습했는지 모른다고 했거든요. 남들보다 몇 배는 더 많이 연습했다는 거지요."

"물론이지요. 엄청나게 연습했을 겁니다. 내 말은 그렇게 '남들보다 몇 배나 더 많이' 연습을 할 수 있는 힘이 '남들보다 더 큰 재능'의 증거라는 겁니다. 엄청난 연습에는 엄청난 고통이 따랐을 겁니다. 그것은 발레리나 강수진의 발을 보면 잘 알 수 있는 일이죠. 엄청난 고통의 흔적이 고스란히 남아 있어요. 해야 한다는 의무감이 아니라 하고 싶다는 열정이 발의 모양을 그렇게 만들었을 겁니다. 만일 행복한 열정의 결과가 아니라면 아름다운 발이 아니라 무섭고 슬픈 모습으로 보일 겁니다. 재능은 그런 고통을 고통으로 받아들이지 않게 해줍니다. 자기도 모르는 사이에 자신을 극한상황에까지 몰아붙이는 거지요. 그래서 자신이 목표한 것을 해냈을 때 절정의 희열을 느끼게 됩니다. 그런 희열이 없다면 엄청나게 고통스러운 연습만 되풀이하기 어려울 겁니다."

"그렇다면 선생님 그런 재능과 창의성 사이에는 무슨 관계가 있는 걸까요?"

"이제 창의성이란 무엇인가를 설명할 때가 된 것 같군요."

3

거대한 진부함에 도전하는 창의력

"이스터 섬의 미스터리에 대해 들어봤어요?"

"이스터 섬이라면 거대한 석상만 남기고 사라져버린 문명이 존재했던 폴리네시아의 한 섬 아닌가요?"

"맞아요. 이 섬에 서구인들이 처음 이 섬에 발을 들여놓은 것은 1722년이었어요. 그때 서구인들은 두 가지 때문에 깜짝 놀랍니다. 우선 섬 전체가 나무를 찾아보기 어려운 민둥산이었어요. 사막이 있을 곳이 아닌데 사막을 본 것처럼 기묘한 느낌을 받았을 겁니다. 원주민들은 아주 미개한 모습이었어요. 갈대 같은 것으로 지은 허름한 오두막이나 동굴에서 살고 있었는데 끊임없이 전쟁을 벌이고 식인 풍습까지 있었던 것으로 보였어요. 더 놀라운 것은 마치 외계인들이 만들어놓고 떠난 것처럼 느껴지는 거대한 석상들이 해안가에 병풍처럼 늘어서 있었던 거예요. 저 엄청난 석상들을 누가 만들었느냐고 원주민에게 물어보니 어처구니없는 대답이 돌아옵니다. 섬 반대편에 있는 돌산에서 걸어왔다는 거예요. 그래서 미스터리가 됩니다. 원주민이 만들지 않은 게 분명한데 도대체 어떤 문명이 저 거대한 석상들을 만들었는지 알 수가 없었던 거죠. 더구나 그 섬은 남아메리카 대륙과 4천 킬로미터나 떨어져 있었으니 그 영향을 받았으리라고 볼 수도 없었어요. 그래서 그 석상은 외계인이 남기고 간 것이라고 주장하는 사람들도 생겼어요. 실제로 외계인이 존재한다는 책에 이 석상 사진과 설명이 들어가기도 합니다."

"그 석상이 창의성의 기원이라는 말씀인가요?"

"물론 그 석상도 처음 만들어졌을 때는 창의적인 작품이었겠지요. 그러나 그 많은 석상들은 다 같은 얼굴에 몸의 형태도 비슷해요. 제작방식이 정형화된 뒤에 그대로 되풀이한 것이지요. 말하자면 진부하고 보수적인 형태의 석상이 된 겁니다. 재미있는 것은 이 '진부하고 보수적인 석상'이 자신이 만든 문명을 파괴한 것으로 보입니다."

"거대한 진부함이 자기 문명을 파괴한 것 같다. 이런 말씀인가요? 재미있어요."

"그렇죠? 이 석상은 창의성을 용납하지 않는 보수와 진부함의 상징 같은 존재입니다. 섬의 이 거대 석상에 얽힌 미스터리는 과학이 발달하면서 풀리기 시작했어요. 꽃가루 분석을 통해 확인했더니 서기 1200년까지는 아주 울창한 숲으로 덮여 있었어요. 15미터 이상 자라는 큰 야자수들이 있었고 육상 조류들도 살고 있었어요. 그런

그림 2 | 〈이스터 섬 라파누이의 기념석상이 있는 풍경〉(1775~1777), 영국의 화가 윌리엄 호지스 (William Hodges, 1744~1797)의 유화이다. 유럽인들이 이스터 섬에 도착하고 50년쯤 지난 뒤에 그려진 풍경인데 민둥산에 사막처럼 느껴질 정도로 삭막하다.

데 1650년쯤이 되면 숲이 완전히 사라집니다. 수수께끼는 앞에서 말한 원주민들의 설명에서 풀리기 시작했어요. 왜 앞에서 그랬잖아요. 원주민들에게 저 많고 거대한 석상들이 어떻게 해안가에 세워졌는지 물었더니 '걸어 왔다'고 했다는 것 말입니다. 그게 그랬던 거예요."

"정말 석상이 섬 반대쪽의 채석장에서 걸어 왔다는 말씀인가요?"

"예, 그랬어요. 처음에는 믿을 수가 없었어요. 그런데 원주민들의 풍습을 잘 관찰해서 거대한 석상을 운반하는 방법을 여러 가지로 재현해보았어요. 그랬더니 '걸어가는 모습'처럼 보이는 방법으로 옮겼던 겁니다."

"상상이 잘 안 되는군요."

"사실 어떻게 했기에 그렇게 보였나 하는 것보다는 그 방법이 일으킨 문제가 중요합니다. 원주민들은 거대한 석상을 운반하기 위해 엄청나게 많은 나무를 필요로 했어요."

"정말 더 궁금해지는군요. 나무를 어떻게 사용했기에 거대한 석상이 걸어가는 것처럼 보였을까요?"

"바닥에는 통나무를 깔고 그 위에 나무판을 놓고 굴러가지 않게 고정시킨 다음 나무판 위에 거대한 석상을 세웠어요. 그리고 나무껍질로 만든 질긴 밧줄을 머리 부분과 아래쪽을 묶고 오른쪽과 왼쪽에서 앞뒤로 당김으로써 나무판 위의 석상이 뒤뚱거리면서 걸어가는 듯한 형태로 운반했던 겁니다. 상상이 되나요? 왜 아주 무거운 것을 번쩍 들 수 없을 때 왼쪽만 앞으로 움직이고 다시 오른쪽을 앞으로 움직이는 방식으로 조금씩 옮길 수 있잖아요. 그런 방식이었던 거죠. 이렇게 하면 25명이 10톤 정도의 석상을 분당 23미터 정도 옮길 수 있었어요. 대단히 창의적인 방식이었죠. 물론 키 큰 석상을 옮기는 것이라 늘 균형을 잘 잡을 수는 없었어요. 가끔은 넘어져서 길 밖으로 넘어지기도 했는데, 경사진 곳에서 그런 일이 좀 더 자주 생겼던 것 같아요. 그렇게 넘어진 것으로 보이는 석상들이 발견되었거든요."

"석상을 옮기기 위해서 통나무가 많이도 필요했고, 그 용도를 위해 숲을 베어내었다는 말씀이군요."

"그랬던 것 같아요. 서로 다른 부족들끼리 질세라 경쟁적으로 거대한 석상을 세웠고, 전쟁이 생기면 상대 부족의 석상을 파괴했어요. 그러면 다시 석상을 세우고 했는데 그때마다 나무가 베어져 나갔다는 겁니다. 상상하기는 어렵지만 그 용도가 아니면 그 많은 나무를 다 베어버릴 이유를 발견할 수가 없어요. 꽃가루를 분석해보면 1650년이 지난 뒤의 꽃가루는 발견되지 않아요. 1650년에 나무가 완전히 사라져버렸던 거죠."

"그렇다면 그때부터는 더 이상 해안에 석상도 세우지 못했다는 건가요?"

"맞아요. 여러 가지 방식으로 조사해보니 해안에 세워진 석상 역시 그 즈음이 끝이었어요. 그리고 그 문명이 사라지기 시작한 겁니다. 전쟁으로 인구가 줄었을 뿐만 아니라 섬의 토양이 황폐해졌으니 농사도 엉망이 되었어요. 그뿐만 아니라 물고기를 잡을 수 있는 도구도 만들 수 없었어요. 아마 그래서 단백질 섭취를 위해 식인 풍습이 시작된 것으로 보입니다."

"그렇지만 선생님, 나무가 사라지고 있는 것이 뻔히 눈에 보이는데도 아무 생각 없이 하나도 남기지 않고 몽땅 베어버렸다는 것은 이해하기 어려워요."

"자세한 기록이 남아 있지 않으니 정확하게 알 수는 없어요. 제 생각에는 그 섬의 문명을 만든 사람들은 지독한 광신도들이 아니었나 싶어요. 섬의 인구가 가장 많았을 때라야 겨우 7천 명이었다고 합니다. 그런데 해안가에 남아 있는 제사 터는 300곳이 넘어요. 인구 20명에 '신전'이 하나씩인 셈입니다. 너무 많지 않아요? 게다가 키가 20미터나 되는 거대한 석상을 해안가에 병풍처럼 세웠다고 하니, 역시 지나치게 많은 거죠. 광신도들이 아니면 어떻게 그랬겠어요? 고정관념의 화신인 광신도들이나 할 수 있는 일이죠."

"재미있기는 합니다만 저는 아직 이 이야기의 어느 부분에서 창의성의 기원을 발견할 수 있는지 잘 모르겠어요."

"문명이 사라진 데서 그 기원을 짐작할 수 있지 않을까 싶어요. 앞에서 말했듯이 거대한 석상을 끊임없이 만들었는데 그 석상을 운반하기 위해 나무를 한 그루도 남기지 않고 베어버렸어요. '오랫동안 해오던 대로' 한 거죠. 묵묵히 전통만 따랐던 거예요. 만일 누군가가 석상을 만들고 운반하는 일 때문에 환경이 변하는 것을 보고 비극적인 미래를 상상했다면 섬의 문명이 사라지지 않았을지도 모르죠. 그런 상상력을 가진 사람은 오랫동안 내려오던 전통에 의문을 제기하고 더 나아가 전통을 부정하게 되었을 겁니다. 보수적인 사람들은 신의 구원에 대한 믿음으로 그대로 밀어붙이려고 했을 거고요. 만일 그 상황에서 대단히 창의적인 사람들이 이야기를 통해서(문학적인 방법으로) 보수적인 사람들을 설득하고 전통적인 종교 의식을 대체할 만한 것을 제시했다면 어느 시점에선가 나무 베기를 그만두었을지도 모르죠. 그러나 그러지 않았어요. 결국 과거에 얽매이지 않는 자유로운 상상력을 바탕으로 새로운 방식의 실험을 하지 못했고 멸망해버렸으니까요."

"아까 제가 말씀 드린 대로 거대한 진부함이 자신의 문명을 파괴한 이야기로군요."

"여기에서 이제 우리 자신을 생각해봅시다. 우리 문명은 사라지지 않았어요. 이스터 섬의 사례로 볼 때 오랜 역사를 이어가며 현존하는 문명은 거대한 진부함 속에 빠져 허우적거리는 위험한 시기를 겪었을지는 모르지만, 마침내 전통이라는 거대한 진부함을 의심하고 새로운 미래에 대한 창의적인 상상력이 설득력을 발휘했기 때문에 살아남았다고 볼 수 있는 것이지요."

"아, 이제 이해가 갑니다. 어떤 문명이 살아남았다면 전통을 부정할 줄도 아는 창의적인 상상력이 필요하다는 것을 알았기 때문이군요. 그러니까 창의적인 생각과 실천이 그런 위기에서 탈출하게 해준 첫 번째 사례가 창의성의 기원이라고 볼 수 있겠군요."

"맞습니다. 바로 그 말이에요. 지금까지의 이야기를 간단하게 정리해볼까요? 복잡하고 예측하기 어려운 환경에서 살아남으려면 어떻게 해야 할까요? 우선은 기억을 바탕으로 과거의 경험에서 교훈을 얻는 방식으로 합리적인 라이프스타일을 구축해야 할 겁니다. 그래야 예측 가능한 문제에 부닥칠 때 적절한 대응을 할 수 있겠지요. 인간의 문명이 그런 역할을 하는 겁니다. 문명은 오랫동안 축적된 경험의 기억으로 만들어집니다. 수많은 시행착오 끝에 만들어진 삶의 지혜인 것이지요. 그것이 전통입니다. 그런 의미에서 인간은 기본적으로 보수적인 동물입니다. 문제는 과거의 환경이 늘 그대로일 수 없다는 데 있어요. 자연환경도 변하지만 인간 집단 역시 변합니다. 역사를 보면 알 수 있지요. 과거 절대왕권 시절의 그 막강한 권력이 영원할 것 같았지만 지금은 그런 방식의 권력 자체가 사라지고 없잖아요. 있다고 해도 다른 방식으로 작동하는 성격이 다른 권력으로 변했지요. 아주 천천히 흐르는 강물처럼 느껴지는 현실의 시간에서 보면 모두가 늘 같은 방식으로 작동하는 것처럼 보입니다. 그러나 세월이 많이 흐른 뒤에 과거를 돌아보면 많은 것들이 변했다는 것을 알 수 있어요. 늘 크고 작은 문제가 있었고 그 문제들을 잘 해결하면서 변화에 적응했다는 뜻이지요.

그런데 예측하기 어려운 변화에 적응하지 못했던 사람들이나 사회는 쇠퇴하거나 사라져버렸어요. 여기에서 우리를 곤혹스럽게 만드는 것은 미래의 무엇이 어떻게, 어느 정도로 변할지 정확하게 알 수 없다는 겁니다. 미래를 예측하기 어려운 것은 현대로 오면서 더 심해지고 있어요. 미래학자들 역시 섣불리 미래를 예측하지 않으려고 합니다. '잘 모르겠다'고 대답하는 학자가 대부분입니다. 여기서부터 문제가 시작됩니다. 미래를 예측할 수 없을 때는 합리적인 대책도 세울 수 없습니다. 그래서 인간은 해오던 방식 그대로가 아닌 다양한 상상력과 창의력을 즐기게 되었을 겁니다. 어떤 종류의 창의성과 상상력이 변화에 적응할 수 있는 방법을 제시할지 누구도 알 수 없는 일이니까요. 앞에서 본 이스터 섬의 문제는 지금 우리가 결과론적으로 보니까 분명하지만 당대 사람들은 문제가 무엇인지 몰랐을 겁니다. 그러니까 멸망할 수밖에 없었던 거지요."

"결국 어떤 종류의 창의성이 그 집단의 운명에 도움이 될지 당장은 알 수가 없으니 다양한 방식으로 표현되는 창의적인 행위가 장

려될 수밖에 없었고, 그것이 창의성의 기원이라는 말씀이로군요. 그렇다면 창의성은 인간의 생존에 어떤 방식으로든 꼭 필요한 것이라는 말씀이군요."

"재미있는 것은 동물의 왕국에서도 이와 비슷한 사례를 볼 수 있습니다. 동물들은 먹이가 어디에서 쉽게 발견될 수 있는지 경험으로 잘 압니다. 그런데 언제나 그곳으로만 가지는 않습니다. 다른 곳에서도 어슬렁거려봅니다. 예를 들면 이런 식입니다. 바위 아래에 모여 있는 벌레를 잡아먹는 동물이 있다고 해요. 특정 바위 아래에 먹이가 있다는 것을 압니다. 그런데 다른 종류의 바위도 들추어봅니다. 많은 시간은 벌레가 있다는 것을 아는 바위를 들추지만 다른 바위도 가끔 뒤져보는 겁니다. 늘 하던 방식대로만 하지 않는 거지요. 기존의 지식과 함께 새로운 탐험을 병행하는 겁니다. 그랬던 종들이 결국 살아남았고 그런 행동방식이 진화과정에서 고착되었을 겁니다. 그러지 않았던 종들은 자연의 변화에 적응하지 못해서 멸종되었겠지요."

"오늘날까지 살아남은 생물은 모두 당장은 아무 대가가 없더라도 새로운 방법을 시도한 모험가들이었군요."

"그렇습니다. 그런데 인간과 같은 사회적 동물에게 창의성은 개인적인 것이 아니라 사회적인 것임을 이해해야 합니다."

"창의성이 사회적인 것이라는 말씀은 뜻밖이군요."

2부

거인의 어깨 위로 올라가는 여정

4

창의력, 유전자에 새겨진 경쟁력

"트롬본(trombone)이라는 금관악기를 아나요?"

"그런 악기가 있다는 건 들어봤지만 안다고 하기는 어렵습니다."

"뭐든 '안다'고 말하는 건 쉽지 않지요. 우선 뮌헨 필하모닉 오케스트라가 연주한 라벨의 〈볼레로〉를 비디오로 보면서 이야기합시다. 지금 이 장면을 보세요. U자형 관 두 개를 가지고 만든 악기가 보이죠? 이게 트롬본입니다. 음색은 부드럽지만 힘을 느낄 수 있어요. 그래서 군악대에서도 많이 쓰여요. 그래도 〈볼레로〉는 꽤 서정적인 느낌을 주는 곡입니다."

"예, 그렇군요."

"조금 전의 그 자리에 애비 코넌트(Abbie Conant, 1955~)라는 여성 연주자가 앉았던 적이 있어요."

"저런 금관악기를 여성이 연주했다고요?"

블라인드 오디션이라는 상징성

"그래요. 생김새부터 남성적인 악기라는 느낌이 들지요. 나중에 인터넷에서 검색해보면 알겠지만 트럼본 주자는 지금도 대개 남자입니다. 더욱이나 지금부터 40년쯤 전이었다면 더 그랬겠지요. 그뿐만이 아니에요. 그 당시에는 오케스트라 단원도 거의 남자였어요. 그나마 여성적인 악기라고 '인정'되던 바이올린이나 오보에 연주자가 드물게 있긴 했지만요. 그런 시대였어요. 여자들을 뽑지 않으려 할 때였지요. 그런데 1980년 여름에 백년의 역사를 자랑하는, 매우 보수적인 뮌헨 필하모니에서 새로운 단원을 뽑는 오디션이 열리면서 처음으로 여자에게 기회가 주어집니다. 그런데 그게 착각에서 비롯된 일이었어요. 오디션을 보라는 통지서는 코넌트 양이 아니라 코넌트 씨에게 보낸 것이었어요. 그랬다고 해도 당시 일반적인 방식의 오디션이었다면 아무런 변화가 없었을지 모릅니다. 여자의 트럼본 연주는 무조건 불합격이었을 테니까요. 당시 음악감독은 남자가 아니면 안 된다는 생각이 강했던 사람이었거든요. 여기에 다시 우연한 행운이 겹칩니다. 오디션 지원자 가운데 한 사람이 단원의 아들이었어요. 그래서 공평한 경쟁을 위해 당시에는 드물게 하던 블라인드 오디션을 합니다."

"아, 그래서 그 오디션을 통과할 수 있었다는 말씀이군요."

"코넌트가 선택한 곡은 오디션 곡으로도 인기가 높았던 페르디난트 다비드(Ferdinand David)의 〈트럼본을 위한 협주곡(Concertino for

그림 3 | 여성 트럼본 주자의 모습은 17세기 그림에서도 간간이 보인다. 1878~79년에 제작된 조르주 쇠라의 〈서커스 사이드쇼〉를 보면 중심인물이 여성 트럼본주자다. 이런 역사를 보면 20세기 초에 트럼본이 남성의 악기로 취급되어야 할 분명한 이유를 찾을 수 없다.

---

trombone))이었어요. 들어보면 알겠지만 이 곡도 무척 남성적인 느낌을 줍니다. 코넌트는 잘하다가 음 하나를 실수합니다. 그 순간 자기는 틀렸다고 낙담해요."

"그러면 이야기가 안 되잖아요. 심사위원들 생각은 달랐겠지요?"

"맞아요. 나도 가끔 그런 말을 합니다. 잘 쓴 글을 알아보기 위해 끝까지 읽어봐야 하는 건 아니라고요. 시작하는 부분을 조금 보면 알 수 있다고. 오디션을 보는 음악감독들도 비슷합니다. 처음 몇 소절을 들어보면 '안다'는 거죠. 지나치게 자신만만한 사람들은 첫 음만 들어도 안다고 하죠. 심사위원들은 코넌트에게서 그걸 느꼈던 겁니다. 코넌트가 오디션을 보는 방에서 나간 뒤 음악감독은 '바로 이 사람이야'라고 단정 지었다고 해요. 그러고는 더 이상 볼 필요가 없다며 남아 있던 17명은 집으로 돌려보내라고 지시하면서 코넌트 씨를 데리고 오라고 했어요."

"깜짝 놀랐겠어요. 코넌트 씨인 줄 알고 있었으니."

"그랬대요. 너무 놀란 나머지 음악감독은 자기도 모르게 이런 말을 내뱉었다고 해요. '이런 젠장, 이게 뭐야? 세상에!' 그렇지만 심사위원들은 자기네들의 귀를 의심할 수는 없는 노릇이었어요. 일단 합격시켰어요. 코넌트는 그 이후의 오디션도 모두 통과해서 오케스트라의 여성 트럼본 주자가 됩니다. 착각과 우연이 만들어준 변화였던 거지요. 그렇다고 그것으로 코넌트의 연주 실력에 대한 평가가 끝난 것은 아니었어요. 어쩌면 오케스트라 최초의 여성 트럼본 연주자였기 때문에 더 그랬겠지요. 많은 편견과 부당한 대우를 받으며 극복하기 위해 노력하고 싸워야 했어요."

"예를 들면요?"

"아무런 이유도 없이 제2트럼본 자리로 좌천시키는 식이었어요. 그렇지만 코넌트는 그들을 설득하려고 노력했고 정 안 되면 법원의 판단을 요청하기도 했어요. 그런 과정에서 여성이지만 트럼본을 제대로 연주할 수 있는 육체적인 조건이 충분하다는 것도 증명했어요. 폐 클리닉에서 광범위한 검사를 받았는데 간호사는 이 사람은 운동선수 아니냐고 되물을 정도로 폐의 기능은 뛰어났어요. 또 오케스트라 담당자는 코넌트가 호흡 문제를 극복하지 못해 듣기 거북한 소리를 낸다고 트집을 잡기도 했어요. 그러나 객원지휘자는 코넌트만 콕 찍어서 뛰어난 연주였다고 칭찬했어요.

 그것으로 끝나지 않았습니다. 오케스트라 외부의 유명한 전문가 앞에서 평가를 받아야 했어요. 그때 트럼본 레퍼토리 가운데에서 가장 까다로운 곡들을 연주하게 했는데 전문가들도 감동할 정도로 뛰어난 연주를 보였어요. 그 과정은 참 괴롭고 힘들었을 겁니다. 그런데 아이러니한 것은 이런 시간을 거치는 동안 코넌트는 누구도 부정할 수 없을 만큼 뛰어난 트럼본 주자임이 증명되었을 뿐 아니라, 유명해지기까지 했어요. 그 끔찍한 13년의 세월을 보내고 보니 세계적으로 유명한 트럼본 연주자가 되어 있었던 거예요. 그런 명성과 삶의 이력 때문에 나중에는 세계트럼본협회 회장으로 선출되기까지 합니다. 코넌트는 연주자로서 살아가는 데 방해가 된다고 고사했지만 말입니다. 그녀는 현재 누구나 인정하는 세계 최고의 트럼본 연주자 가운데 한 사람입니다. 바쁜 연주 일정으로 눈 코 뜰 새 없다고 해요."

 "아, 그러니까 선생님 말씀은 창의성은 작가의 것이 아니라 사회의 것이라는 말이군요. 말하자면 사회가 인정하기 전에는 창의적인 활동도 불가능하고 창의성도 없다는 것이고요. 그리고 그 창의성이 사회적으로 발휘되기 위해서는 '블라인드 오디션'이라는 것도 대단히 상징적으로 받아들일 수 있겠군요. 선입견, 그러니까 보수적인 사고방식을 배제할 수 있는 기회가 없었다면 이런 놀라운 변화는 일어나기 어려웠을 테니까요."

"바로 그겁니다! 코넌트가 아무리 뛰어난 트럼본 연주자라고 하더라도 그런 착각과 우연이 만들어준 '블라인드 오디션'이라는 기회를 만나지 못했다면 자신의 연주 실력을 표현할 기회는 없었을 겁니다. 어쩌면 코넌트 이전에도 그만큼 실력 있는 트럼본 연주자가 있었을지 몰라요. 그러나 우리에게 알려지지 않았으니 없었던 거죠. 말하자면 이런 겁니다. 깊은 숲속에서 천년 된 나무가 어젯밤 벼락을 맞아 쓰러졌다 해도 아무도 모른다면 없었던 일인 거죠. 그리고 그 이후의 결과도 중요합니다. 이처럼 사회적인 공감을 통해 창의적인 것으로 받아들여진 결과는 사회 전체에 퍼져나간다는 점에서 또다시 사회적인 것입니다. 코넌트 이후에는 여성 트럼본 연주자가 많이 등장했습니다. 2012년에는 세계적인 트럼본 연주자인 리자 리자넥(Lisa Lizanec)이 한국에 와서 멋진 연주를 보여주기도 했지요."

"그렇게 말씀하시니까 고구마를 씻어 먹기 '시작한' 일본의 짧은 꼬리원숭이(일본원숭이) 이야기가 떠오릅니다. 한 원숭이가 고구마를 씻어먹는 것을 본 주변 원숭이들이 따라하기 시작했다고 하던데요. 그런 걸 문화적인 밈이라고 할 수 있겠죠?"

"맞습니다. 그 이야기도 시사하는 바가 크지요. 동물의 세계에서도 창의적인 행동을 집단에서 받아들이면 그것이 사회적인 밈이 되고 세대를 거쳐 전승된다는 것을 보여줍니다. 벌써 상당히 오래된 일입니다. 1953년 일본의 코시마 섬에서 일본원숭이들의 행동 패턴을 연구하면서 고구마를 나누어주었어요. 그런데 아주 어린 암컷 원숭이 하나가 다들 하듯이 흙과 먼지를 털지 않고 물에 씻어 먹더라는 겁니다. 완전히 새로워 보이는 행동이었어요. 여기에서 중요한 변화가 시작됩니다. 가족들과 가까운 친구 원숭이들이 따라하기 시작한 겁니다. 재미있는 현상 가운데 하나는 나이가 많은 원숭이들은 그런 방식을 받아들이지 않았고 거부하는 모습까지 보였다는 겁니다. 그러나 2~3년 정도 이후에는 씻어먹는 것이 집단의 문화가 됩니다. 새끼가 태어나면 씻어 먹도록 가르치기도 했어요. 거기에서 한 발 더 나아가서 바닷물에 담가두었다가 먹으면 간이 배어서 더 맛있다는 것도 알게 됩니다. 이후에는 고구마만이 아니라 쌀과 같은 곡식도 바닷물에 담갔다가 먹는 행동이 관찰되었어요.

처음 이런 행동을 시작한 원숭이 이름이 '이모(Imo)'라고 알려져 있는데, 아마 사후에 붙인 이름일 겁니다. 일본어로 이모는 뿌리채소를 일컫는 말이거든요. 고구마는 사츠마이모인데, 줄여서 그냥 이모라고 부른 것 같아요.

해부학적으로 볼 때 일본원숭이의 뇌는 침팬지보다 아주 조금 작은 편이고 보노보보다는 아주 조금 큰 편입니다. 그런 점에서 보면 '지적인 동물'에게 창의적인 행동은 당연한 현상으로 보입니다. 자연은 늘 변하고 그 변화에 적응해야 생존할 수 있으니까요."

창의적인 까마귀의 융성, 무뇌의 멍게와 신경계 약간의 해삼

"그러니까 창의성은 생명체가 변화에 적응하기 위해 당연히 가져야 하는 것이고 그것이 생존을 위한 진화과정의 핵심동력이라 보면 되겠군요."

"동물의 세계에서 더 재미있는 예는 까마귀, 그리고 멍게와 해삼의 경우입니다. 까마귀는 대단히 영리한 동물로 잘 알려져 있어요. 도구까지 사용하거든요. 예를 들면 뉴칼레도니아 까마귀가 철사를 구부려서 구멍 안에 있는 먹이를 꺼내 먹었고, 아주 멀리 떨어진 하와이의 까마귀도 나뭇가지를 다듬어서 사용한다는 것이 확인되었습니다. 그런데 작은 나뭇가지를 주워서 구멍을 파내는 정도는 까마귀가 학습되기 전, 어린 새끼도 해내는 것을 보면 그 정도 능력은 유전자에 새겨져 있는 것 같습니다.

그런데 이 정도가 아닙니다. 놀라운 추론 능력과 창의성을 보입니다. 일본 센다이(仙台, Sendai)에서 보고된 관찰 결과입니다. 그곳에는 까마귀들이 좋아하는 일본호두가 많이 열립니다. 그런데 속을 먹으려면 껍데기를 깨뜨려야 하는데 단단해서 쉽지가 않습니다. 처음에는 높은 곳에서 떨어뜨려 깨진 것을 먹었던 것 같습니다. 그러다가 도로에 떨어진 호두를 자동차가 지나가면서 깨진 것을 본 모양입니다. 그게 가능하다는 것을 알고는 높이 오르내리는 수고를 하지 않고 길에 던져두고 호두가 깨지기를 기다렸어요. 그것으로 끝나지 않았습니다. 더 정밀한 작업으로 발전했습니다. 빨간불

그림 4 | 에두아르 마네, 1875년, 석판화, 스테판 말라르메가 번역한 에드거 앨런 포의 『갈까마귀』 호화판에 넣은 삽화이다. 갈까마귀는 오랫동안 영특한 동물로 잘 알려져 있었다. 나는 오랫동안 프란츠 카프카가 필명일 것이라고 생각했는데, 이 이름의 의미가 '자유로운 갈까마귀'였기 때문이다.

일 때 호두를 자동차 앞에 놓아두고 자동차가 지나간 뒤 다시 빨간 불일 때 안심하고 내려가서 호두 속을 먹기 시작한 겁니다.* 이렇게 뛰어난 창의성을 보이는 까마귀이다 보니, 그 집단이 점점 더 커지지 않을 수 없겠지요. 사람에게 영향을 끼칠 정도로 개체수가 많아지니까 조절해야 한다는 목소리가 나올 정도입니다. 그러나 까마귀가 도시의 생태계에 미치는 중요한 역할을 고려해서 아주 신중하게 결정해야 할 겁니다."

"정말 재미있군요. 멍게와 해삼 이야기도 마저 해주셔요."

"뇌의 사용과 관련된 이야기입니다. 뇌의 사용은 변화에 대한 적응을 위한 창의성의 핵심이고요. 그런 필요에서 멍게의 경우 유충 때는 뇌가 있습니다. 그런데 정착할 장소를 정하고 나면 자기 뇌를 먹어버립니다. 어떤 의미에서 뇌는 자연환경 속에서 움직일 때 필요한 신경망을 통제하기 위한 것이거든요. 아마 그래서 식물들도 뇌가 없는 것이겠지요. 뇌는 엄청난 양의 에너지를 소비하는 기관이기 때문에 행동을 위한 창의성이 필요하지 않은 개체라면 사용할 이유가 없는 겁니다. 그런 의미에서 멍게가 뇌를 없애는 것은 '영리한 결정'이라고 볼 수 있지요. 그런데 해삼의 진화과정을 보면 필요해지면 다시 뇌를 사용하게 되리라고 추론합니다. 해삼도 멍게처럼 고정된 장소에 붙박혀 살다가 조금 움직이는 동물이 되었거든요.

---

* When and where did crows learn to use automobiles as nutcrackers?' NIHEI Yoshiaki, HIGUCHI HiroyoshiTohoku psychologica folia. Vol. 60, 2002. 7. 1.

붙박혀 지낼 때는 아주 단순한 신경계만 가지고 있었다고 합니다. 움직이면서 조금 더 복잡한 신경계를 가지게 되었어요. 필요한 만큼 진화한 겁니다."

"아, 동물의 세계를 들여다보아도 필요한 만큼은 뇌를 사용해야만 하고, 그 사용은 변화에 대한 적응력이 핵심이니까 결국 생존의 필수요건은 개체의 창의성이 되는군요."

"그렇습니다. 그러나 사람은 멍게처럼 살 수 없죠. 독립된 개체이면서 독립된 개체로 살아갈 수 없으니까요. 인간 사회는 그 자체로 하나의 유기체 같은 겁니다. 인간의 삶은 어떤 식으로든 서로가 서로에게 영향을 미친다는 점에서 창의성은 사회적인 것일 수밖에 없지요."

"그래도 빈센트 반 고흐(Vincent van Gogh, 1853~1890) 같은 사람은 대단히 고립된 삶을 살았잖아요. 동생 테오가 아니었다면 살아갈 수도 없었던 것으로 보이고, 화가였다고는 하지만 살아 있을 때는 전시를 통해 사람들과 연결되지도 않았고요. 그러다가 다른 사람들이 관심을 조금 가질 만하니까 자살해버렸죠."

"그렇잖아도 고흐 이야기를 꺼내려고 했습니다. 다음 이야기가 중요하거든요. 그런데 그가 '고립되어 있었다'는 건 조금 과한 평가인 것 같습니다. 무엇보다 그는 대단한 독서가였어요. 독서는 대단히 사회적인 활동이잖아요. 예를 들면 저는 2만 권 정도의 책을 가지고 있는데, 제가 집에서 바깥으로 나가지 않는다고 해도 2만 명 정도의 저자들과 대화할 수 있는 거잖아요. 요즘은 SNS를 통해 '고립된 채' 사람들과 소통한다고 해도 그 숫자가 적지 않지요. 고흐도 당시 많은 사람들과 편지를 주고받았어요. 편지 왕래가 그 당시의 SNS일 테고요. 가장 잘 알려진 것은 물론 동생 테오와의 편지입니다. 고흐의 내면 세계와 예술적 고민, 철학적 사유까지 모두 이 편지에 담겨 있죠.

그런데 그게 전부가 아니에요. 폴 고갱, 에밀 베르나르, 안톤 반 라파르트 같은 동시대 예술가들과도 활발히 교류했어요. 특히 고갱과는 아를의 황색 집에서 함께 생활하며 치열한 토론을 나눴고, 베르나르와는 일본 미술, 색채 이론 같은 주제로 편지를 주고받기도 했습니다. 이 편지들은 단순한 안부 인사가 아니라, 자신이 무엇을 고민하고 있는지, 어떤 예술적 실험을 하고 있는지를 기록한 '생각 일지' 같은 것이었어요. 그는 자신의 생각을 끊임없이 다른 사람들과 공유하고 싶어했던 사람이었죠. 고흐가 고립된 것은 사람들이 그를 이해하지 못했기 때문이지, 사람들과 연결되지 않아서가 아니었어요. 오히려 그는 더 깊은 방식으로, 더 치열하게 사람들과 연결되어 있었던 셈이죠. 그렇지 않았다면 그의 작품이 마침내 당시 사람들에게 받아들여지기 시작되지도 못했겠지요."

"아, 그렇군요. 알겠습니다. 그런데 선생님께선 어떤 내용 때문에 고흐를 언급하시려 했던 건가요?"

"그가 창의적인 화가가 아니었다는 말을 하고 싶었던 겁니다."

"예에?! 고흐는 가장 창의적인 화가 가운데 한 사람으로 인정받고 있지 않나요?"

"이런 말입니다. 그는 살아 있을 당시에는 창의적인 화가가 아니었어요. 죽기 전까지는 겨우 한 작품밖에 판매되지 않았으니까요. 그것도 작품에 대한 창의성을 인정한 것이라기보다는 동정심이 섞인 것으로 보입니다. 그런데 그가 죽은 뒤 그의 작품들은 거의 모두가 대단히 창의적이라는 평가를 받습니다. 고흐라는 화가는 창의성이 없었는데, 죽은 뒤에 그가 그린 그림은 대단한 창의성을 가진 것으로 평가받은 거죠."

"화가는 창의성이 없었는데 그가 그린 그림은 창의적인 것이 된다니 이해하기 어려운 말씀이군요."

"그래서 뛰어난 작품은 네 번 태어난다고 하는 겁니다."

5

최고의 작품은 네 번 태어난다

"고흐가 그린 그림 가운데 〈신발(Shoes,1886)〉이라는 작품이 있어요. 그림을 보면 아주 낡은 구두입니다. 군인들이 신는 워커처럼 생겼는데 끈이 달려 있어요. 그 그림을 보고 20세기의 유명한 철학자인 하이데거는 다음과 같은 감상을 남겼어요.

닳아 해어진 신발 속 어두운 틈새로 노동의 고된 발걸음이 맺혀 있다. 투박하고 단단한 신발의 무게에는 느릿하고 끈질긴 인내의 걸음이 담겨 있다. 언제나 같은 형태로 이어지는 넓게 펼쳐진 밭고랑을 따라 이어지는 걸음, 그 위로 거친 바람이 머물고, 가죽 위에는 땅의 촉촉함과 풍요로움이 스며 있다. 신발 밑창 아래로는 저무는 저녁 시골길의 황량함이 달려 있다. 신발 안에서는 대지의 은밀한 부름이 울린다. 그것은 조용하게 곡식이 익어가는 선물이며, 휴경지의 겨울 들판처럼 말없이 멀어져 가는 대지의 고요한 거절이다. 이 신발은 빵을 확보해야 한다는 불안과 그 고난을 이겨낸 기쁨이 생명의 탄생과 죽음의 그림자처럼 흔들리며 전율한다. 농부 여인의 세계 안에서 보호받는 이 신발은 대지에 속하는 것이다.

— 하이데거, 《하이데거의 예술철학》, 〈예술작품의 근원(Der Ursprung des Kunstwerkes, 1935~1936년경)〉, 필자 번역

어때요? 공감이 가나요?"
"글쎄요. 그 그림을 저도 본 적이 있습니다만 이렇게 복잡하게 생각하지는 않았습니다. 저는 이 그림을 보니 아버지가 떠오르더군요. 공장을 다니던 아버지는 저렇게 목이 긴 안전화를 신고 출근하셨어요. 돌아오셔서 신발을 벗을 때 끈이 풀리는 걸 보면서 왠지 모를 안도감을 느끼곤 했죠. 밤을 새고 들어오신 날에는 신발 끈을 푸는 손놀림이 둔하고 느리다는 걸 느꼈어요. 저 그림에서 아버지의 고단한 세월을 느꼈던 걸 보면 그 기억이 워낙 강렬했었나 봅니다."
"와 멋진 감상인데요! 저 그림이 그런 의미로 학생에게서 다시 태어났군요. 내 감상은 이랬어요. 더 이상 신을 수 없을 만큼 낡았으니 버려지기 직전의 모습이 아닌가. 무심코 버리려다가 낡은 가죽이 겪어온 세월이 눈에 밟혔던가 보다. 그러니 그 모습을 그려두고 싶었겠지. 무상하고 애잔한 마음을 기억하고 싶을 테니까. 요즘 같으면 스마트폰을 꺼내 사진을 한 장 찍었을 텐데… 그렇게 생각하면서 좀더 꼼꼼히 들여다보니까 신발의 크기도 조금 다른 것 같고 둘

그림 5 | 빈센트 반 고흐, 〈신발〉, 캔버스에 유화, 45x37.5cm, 1886, 반 고흐 뮤지엄, 암스테르담, 네덜란드

다 왼쪽 것처럼 보여요. 그렇다면 이 신발은 주운 것인지 모르겠다는 생각이 들었어요. 그렇다면 이야기가 조금 달라집니다. 무척 가난한 사람이 짝도 맞지 않는 버려진 구두를 주워서 신었던 것일 수 있죠. 그런 사람을 고흐가 만났고 그 사람을 상징적으로 보여주는 것이 이 낡은 구두라고 생각했을지 모르는 거고요. 어쩌면 고흐 자신이 그랬는지도 모르죠. 그렇다면 가난하고 고단한 사람을 떠올리게 됩니다. 가난과 고단함을 그린 것이겠죠."

"선생님 감상은 하이데거가 그림을 보고 느낀 것과 결이 그리 크게 다르지 않은 것 같습니다. 하이데거가 좀더 구체적입니다만."

"그렇군요. 하이데거는 어떤 사물이 우리 일상으로 들어올 때는 그것을 보고 느끼지만 일상의 한 부분이 되고 나면 그것을 보아도 느끼지 못한다고 말합니다. 그 사물에 우리 삶의 모습이 비치는 데도 말입니다. 예술은 그렇게 익숙해진 뒤에는 보이지 않는 사물을 그 존재의 의미와 함께 우리 앞에 내놓는 어떤 것이라고 설명합니다. 하이데거가 하고 싶었던 말을 쉽게 바꾸면 이런 것이 아닌가 싶어요. 그런데 그는 그 그림이 열어준 상상력의 세계에 더 깊이 빠져든 것 같아요. 낡은 구두가 농촌 아낙네의 것이라고 '가정'하고 좀더 구체화합니다. 그렇게 가정하는 순간 저 구두는 더 풍부한 상징물이 됩니다. 농촌 아낙네가 신은 신발은 우리 생명의 어머니인 대지와 접점이잖아요. 그러니 저 신발은 오랜 세월 동안 대지와 인간의 삶을 살리기 위해 수고한 상징적인 도구가 되는 겁니다. 그렇게 보면 왜 하이데거가 저렇게 격앙된 감정을 보이는지 이해가 되기도 합니다."

"그런데 저 구두가 농촌 아낙네가 신었던 것이 분명한가요? 제가 봐도 남자 것 같은데요. 그 당시 유럽에서는 농촌 아낙이 저런 구두를 신었나요?"

"잘 보았습니다. 그렇잖아도 하이데거의 이런 감상에 대해 미술 평론가인 마이어 샤피로(Meyer Shapiro)가 강력한 반론을 제기했어요. 무엇보다 도대체 저 구두 어디를 봐서 시골 아낙의 것이냐는 거예요. 실제로 프랑수와 장 밀레가 그린 시골 아낙의 모습을 보면 구두는커녕 슬리퍼처럼 생긴 허접한 신발을 신고 있어요. 게다가 그 구두 그림은 고흐가 파리에 있을 때 그린 겁니다. 그러니 오히려 고흐 자신의 것이었다고 보아야 한다는 샤피로의 주장이 옳지 않나 싶어요. 그런데 거기에 자크 데리다까지 그 논쟁에 뛰어듭니다. 데리다는 두 사람 모두 문제가 있다고 지적합니다."

"그러나 고흐가 죽은 뒤였으니 그게 누구의 구두였는지, 그림을 통해 무슨 메시지를 전달하고 싶었는지는 단지 추측할 수 있을 뿐이잖습니까?"

"그렇죠. 추측밖에 남질 않아요. 그런데 예술작품은 처음부터 진실 또는 진리를 드러내는 픽션이거든요. 픽션은 상징적으로 사실을 말하는 방식입니다. 그러니까 예술감상은 그 상징을 유추하며 나름대로 의미를 부여하며 느끼는 것입니다. 그런데 그림이든 글이든 모두가 한 개인이 구체적인 맥락에서 느끼는 것보다 훨씬 더 많은 의미를 담고 있어요. 예를 들어 지금 사과 하나를 그렸다고 해도 그건 눈앞에 있는 바로 그 사과이면서 오랜 세월 동안 인류가 먹고 만지고 느껴오던 바로 그 사과입니다. 사과라고 할 때 표현하는 사람이 느끼든 느끼지 못하든 사과에는 아담과 이브 이후의 세월이 담기는 거죠. 뉴턴의 사과가 있고, 세잔의 사과가 있고, 애플 사의 사과, 그리고 백설공주의 사과도 있어요. 그리고 독이 주입된 사과를 먹고 자살한 앨런 튜링도 있어요. 이처럼 단순한 사과 하나에도 수많은 의미가 담겨 있습니다. 이런 것들만 보아도 사과라는 표현에 작가의 의도와 상관없이 저절로 담기는 의미가 얼마나 풍부할지 짐작이 가지 않아요? 그러니 세월의 흔적이 덕지덕지 붙어 있는 저 낡은 구두에서도 '다양한 의미'를 발견할 수 있는 겁니다. 그 의미는 특정한 상황과 맥락 속에서 드러나는 것이고요.

그렇게 보면 고흐가 저 그림을 그렸던 시절에는 미술평론가들이나 그림을 즐기는 사람들이 그렇게 깊은 의미를 부여할 수 있는 맥락을 발견하지 못했던 것인지도 몰라요. 그러니 저 그림은 '의미를 만들어내는 힘(=창의력)'을 발휘할 수 없었던 거죠. 그런데 맥락이 달라지면서(사회가 변하면서) 저 그림은 자신의 창의력을 발휘하게 된 겁니다. 그럼으로써 뛰어난 창의성이 생긴 거죠. 앞에서 설명한 '깊은 숲속의 천년 묵은 나무' 이야기를 빌려오면 이런 거죠. 우연히 그날 숲속에서 길을 잃고 헤매다가 그 거대한 고목이 번개를 맞는 장면을 본 사람이 있었어요. 그리고 기억상실증에 걸렸는데 우연한 맥락 속에서 기억이 되돌아온 겁니다. 그래서 그 장면을 사람들에게 설명했고 그때 비로소 그 사건은 우리의 생각 속으로 들어오게 됩니다. 당연히 그 장면을 상상하면서 의미를 생각해보게 되겠죠. 그러니까 뛰어난 작품은 늘 다시 태어나는 겁니다. 사건이 일어났을(작품이 만들어졌을) 때, 그리고 사람들이 어떤 의미를 부여할 때입니다. 창의성은 두 번째 태어날 때 만들어지는 것이고요."

"선생님 말씀대로라면 뛰어난 작품은 수없이 되풀이해서 '새로운 의미를 창조하는 힘', 즉 창의력을 가진 것이로군요."

"그렇죠. 끊임없이 새로운 의미를 만들어내며 다시 태어나는 겁니다. 감상자들에 의해서요."

"그렇게 보면 정말로 예술가들은 전통에 깊이 빠져들지 않고는 창의성을 가질 수 없는 게 분명하다는 생각이 드는군요. 감상자들과 소통하기 위해서는 전통적인 방법에 의지할 수밖에 없을 테니까요."

전통의 흔적, 스큐어모피즘의 진화

"그런 것들 가운데 대표적인 스타일이 우리가 일상적으로 맞닥뜨리는 스큐어모피즘(skeuomorphism)입니다. 이는 그리스어에서 유래한 용어인데요 '도구(Skeuos)+형태(morphē)'에 −ism이 붙은 거죠. 주로 디지털 환경에서 실제 도구의 모양을 흉내 내어 낯선 환경에서 익숙한 느낌을 받을 수 있도록 배려하는 디자인 방식입니다. 간단한 예를 들면 스마트폰이나 노트북 바탕화면에서 휴지통 아이콘이 삭제된 파일을 모아둔 곳과 연결되는 식이지요.

전자제품에도 그런 게 있긴 합니다. 전기 주전자인데 숯불 위에 올려 쓰던 주전자 모양으로 만드는 것이나 자동차의 겉장식에 나무 느낌이 나는 장식을 붙이는 것이 그런 종류죠. 사실 스큐어모피즘은 최근의 경향은 아니고 기술 혁신이 일어날 때마다 있었던 현상입니다. 구텐베르크가 처음 인쇄술을 발명했을 때 상당 기간 동안 필사본 책과 비슷하게 만들려고 무척 노력했습니다. 시간이 지난 뒤에는 인쇄술의 특성이 드러나는 책으로 바뀌었지만. 재미있는 것은 현대의 전자책도 처음에는 종이책 느낌이 나도록 종이 넘어가는 애니메이션을 추가하기도 했죠. 지금은 사라지고 전자책의 특성이 강조되기 시작했지만.

그러니까 우리가 디지털 장비들을 직관적으로 사용할 수 있게 설계되어 있다고 하면, 주로 스큐어모프를 사용해서 인터페이스를 디자인했다는 뜻입니다. 일상적인 사물의 형태를 보면 그 아이콘의 용도를 금방 알 수 있으니까요. 시계, 카메라, 전화기, 메모장 같은 아이콘이 그렇죠. 이런 디자인 경향을 스큐어모피즘이라고 합니다. 그런데 거기에서 머물지 않아요. 인간은 언제나 끊임없이 변화를 추구하고 새로운 것을 찾고 시험하거든요.. 이제는 뉴모피즘(Neumorphism)이 등장했어요.

또 변하겠지요. 뉴모피즘은 부드럽고 가벼운 느낌을 강조한 미니멀리즘의 한 형태로 대비가 약한 파스텔 색상을 사용하는 경우가 많습니다. 아이콘이나 버튼과 같은 디자인 요소는 때개 배경과 같은 색깔을 사용하면서 그림자와 하이라이트를 사용해서 입체감을 살립니다.

그러면 튀어나오거나 움푹 들어간 것처럼 보이니까요. 미니멀리즘이란 최대한 단순화하기라고 이해하면 됩니다. 뉴모피즘은 스큐어모피즘과 플랫 디자인의 중간 형태인데 미니멀하면서 실감을 살리는 스타일입니다. 이런 디자인 방식도 모두 아날로그라는 전통적인 라이프스타일에서 기원하는 겁니다.

그렇지만 아날로그에는 없는 기능일 때는 할 수 없이 그런 것을 사용하지 못합니다. 당연히 새로운 경험을 통해 그 아이콘의 기능을 익힐 수밖에 없는 거죠. 이제는 그런 아이콘이 아주 많아졌습니다. 종이책에서 전자책으로 넘어갈 때 종이 넘어가는 느낌이 있다가 지금은 없앤 것처럼 앞으로는 사용해야 알게 되는 아이콘도 많아질 겁니다.

참고로 미니멀리즘은 20세기 초 회화사에서 일어난 추상미술의 영향으로 볼 수 있습니다. 카지미르 말레비치(Kazimir Malevich, 1879~1935)가 그린 〈검은 사각형〉이나 〈흰 사각형〉이 그런 것일 텐데, 뉴모피즘 디자인에 영향을 주었습니다.

플랫 디자인은 아주 단순화해서 정보전달에만 초점을 맞춥니다. 그건 몬드리안(Piet Mondrian, 1872~1944)의 영향이 컸을 거고요. 이런 것을 보더라도 아무리 새로운 것처럼 보여도 언제나 이전의 전통에서 출발한다고 볼 수 있겠지요."

"실용적인 디자인이라 해도 '조형'을 다루는 분야니까 순수회화에서 영향을 받을 수도 있으리라 생각합니다. 그렇지만 실용성이 '쓸모없는 쓸모'를 가진 예술의 영향을 받는다고 하시니 아이러니한 것 같습니다."

"창의적인 사람은 게을러 보일지 모른다는 말이 있잖아요. 며칠 동안 뒹굴거리면서 생각만 하다가 잠깐 무엇인가를 하는 데 아주 대단해 보이는 겁니다. 무엇인가를 하는 시간은 짧기도 하고, 쉽고 간단하게 하는 것처럼 보이죠. 그래서 며칠 동안 놀기만 하다가 잠깐 일하는 것처럼 보입니다. 모르면 그렇게 보일 수 있지요. 그런 예를 하나 들면 이런 겁니다. 피카소(Pablo Picasso, 1881~1973)가 그림을 한 장 그려달라는 사람에게 30초 만에 스스슥 그려주면서 그림 값을 1만 달러라고 했어요. 그러자 그 사람은 너무한다고 불평합니다. 아니, 겨우 30초 만에 그린 그림을 1만 달러나 달라고 하면 도둑놈 심뽀 아니냐고요. 피카소가 그랬죠. '아닙니다. 그 그림은 40년이 걸린 겁니다. 오히려 1만 달러도 내지 않겠다고 하면 그게 도둑놈 심뽀지요.' 예술은 감상자가 알 수 없는 '쓸모없는 쓸모'를 가진 긴 세월이 담긴 겁니다. '쓸모없는 쓸모'가 엄청난 쓸모를 보여준다는 역설이지요. 그렇게 보면 예술이 디자인에 영향을 미치는 건 아주 지극히 당연한 겁니다."

"이 문제는 철학적인 말씀이라 다시 생각해봐야 할 것 같습니다. 그런데 선생님, 말레비치 작품은 너무 간단해서 무엇을 봐야 할지 모르겠어요."

"그에 대한 설명은 간단치가 않습니다. 다음 기회에(7장에서) 자세히 설명하겠습니다. 우선 이번 이야기를 마무리하자면 이렇게 정리할 수 있을 겁니다. 앞에서 설명했듯이 어떤 작품이 감상자들과 소통이 시작되고 공감을 얻고, 그게 지속되면 문화적인 밈으로 자리잡게 됩니다. 고흐의 표현기법을 모방한 표현주의 화가들이 등장하고, 고흐 작품을 패러디하는 거지요. 표현주의 화가들은 자연의 색깔과 아주 다른 강렬한 색과 붓터치를 통해 감정을 표현합니다. 가장 잘 알려진 화가들로는 에드바르 뭉크(Edvard Munch,

1863~1944)와 에곤 실레(Egon Schiele, 1890~1918)를 들 수 있을 겁니다. 이 두 화가의 화풍과 내용을 요약하면 이런 정도일 겁니다. 뭉크의 경우는 '내면의 고통과 불안을 상징적으로 드러낸 화가'일 것이고, 실레라면 '욕망, 생명력, 죽음을 육체로 표현한 화가'입니다. 어떤가요? 고흐스러움이 묻어나지 않나요? 그들에게는 주제의식뿐 아니라 표현기법에서도 고흐의 그림자가 짙게 깔려 있습니다. 그뿐 아니라 고흐의 작품은 많이도 패러디되었어요. 인터넷에서 고흐 패러디를 검색해보면 수없이 많은 패러디를 볼 수 있습니다.

그러니까 화가가 만들고 감상자가 해석하고 추종자에 의해 복제되고 패러디되면서 밈이 되는 거지요. 뛰어난 작품이라면 이렇게 네 번 태어나는 겁니다. 이 과정을 잘 들여다보면 전통이라는 씨앗에서 새싹이 돋아난다는 것을 알 수 있습니다. 뛰어난 작품은 그 자체로 창의성의 씨앗인 셈이지요. 이런 상황을 두고 '거인의 어깨 위에 서서 바라본다'고도 하는 겁니다."

6

거인의 어깨 위에 올라 춤추기

"무협지를 읽어본 적이 있어요?"

"저는 무협지나 추리소설을 그리 즐기지는 않습니다. 그래도 대충 어떤 이야기인지는 알죠. 다들 뻔한 스토리잖아요. 연애소설들이 그런 것처럼요."

"그러면 어떤 종류의 소설을 즐기나요?"

"휴먼드라마라고나 할까, 뭐 그런 게 저는 좋아요. 영화로 예를 들면 〈길버트 그레이프〉(1993) 같은 것입니다."

"아, 예. 나도 좋아합니다. 그 영화. 마지막 장면이 기억나는군요. 어머니가 죽은 뒤 집에 불을 지르고 고향을 떠나는데, 사랑하는 여자가 구원자로 등장하잖아요. 착한 주인공이 여러 가지 어려움을 겪다가 마침내 사랑하는 사람의 도움으로 행복을 찾게 되는 해피엔딩 스토리죠. 전형적인 이야기 구조이지만 남녀의 역할을 바꿔놓아서 새로운 느낌이 들어요. 불쌍한 아버지를 돌보는 딸 이야기가 아니라 어머니를 돌보는 아들 이야기인 데다가 그 아들의 구원자로는 여자들이 등장해요.

요즘 드라마에는 전통적인 남녀 역할을 바꾸어놓는 것들이 많죠. 뛰어난 여전사들도 많이 등장하는 것도 그런 이유입니다. 저는 샤를리즈 테론(Charlize Theron, 1975~)을 좋아하는데 그는 〈매드 맥스: 분노의 도로〉(2015)에서부터 아주 본격적으로 남자 같은 여자로 등장합니다. 뿐만 아니라 〈아토믹 블론드〉(2017)나 〈올드 가드〉(2020)를 보면 거친 격투기에 잘 단련된 최고의 스파이, 전사 역할을 하잖아요. 2024년의 한국 드라마 〈눈물의 여왕〉만 해도 신데렐라 구도를 뒤집은 설정에서 이야기를 풀어가고요. 그렇지만 남녀 역할을 바꿔놓았기 때문에 생기는 새로움만 빼면 그다지 새로울 건 없습니다.

그런 의미에서 모든 무협지나 추리소설이 뻔하다면 휴먼 드라마들도 역시 뻔한 스토리를 가지고 있는 셈입니다. 그런데 사람들은 자기가 즐기는 유형의 드라마는 비슷비슷하기 때문에 좋아하는 경향이 있어요. 지나치게 새로운 것은 쉽게 받아들여지지 않는 경우가 많죠. 그래서 앞에서 다룬 '스큐어모프' 역할을 하는 설정이 이런 경우에도 사용되는 겁니다. 그리고 이렇게 뻔한 이야기에 빠져 익숙해지면 그런 이야기를 스스로 만들어내는 힘을 가지게 됩니다. 소위 본격 문학이라고 하는 작품들의 경우에는 그리 간단하지 않지만 무협지나 추리소설을 많이 읽다 보면 나도 이런 정도는 쓸 수 있겠다는 자신감이 들 때가 있어요."

"아, 무슨 말씀인지 알 것 같아요. 저도 처음 글을 쓰고 싶었던 때가 로맨스 소설에 빠져 있을 때였어요. 늘 그런 종류의 소설에 빠져 지내다 보니 내 머릿속에서도 그 비슷한 이야기가 계속 맴돌더라고요. 그래서 써보긴 했는데, 잘 되지는 않더라고요. 그림을 그리기 시작한 것도 만화에 빠져 있었던 때였어요. 뽀로로 캐릭터들이 너무 마음에 들어서 그려보고 싶었어요. 그런데 막상 해보니까 잘 안 되는 겁니다. 그래서 제대로 배워볼까 싶어서 컷사전을 펴놓고 따라 그리거나 드로잉 교재를 보며 연습했어요. 좀 익숙해지면서 레오나르도 다 빈치와 그 이후 화가들이 남긴 스케치를 인터넷에서 찾아 프린터해서 따라 그려보았어요."

"혹시 소포니스바 앵귀솔라(Sofonisba Anguissola, 1532~1625)라는 화가에 대해 들어보았나요?"

"처음 듣는데요?"

"조금 뜬금없이 들릴 수 있겠지만, 제인 오스틴이 『설득(Persuasion)』(1818)이라는 작품에서 이런 말을 한 적이 있어요. '남자들이 펜을 쥐고 책을 썼잖아요. 그러니 그 책으로는 아무 것도 증명할 수 없어요.' 그런 상황은 거의 20세기 후반까지 진행됩니다. 1970년 정도가 되어서야 여성의 사회문화적 기여를 다룬 연구가 시작되고 조금씩 알려지기 시작했지요. 그런데 오늘날까지도 한국에서는 20세기 중반에 쓰여진 미술사 책이 여전히 권위를 유지하고 있으니 여성 화가는 당대에도 실력을 충분히 인정 받았던 화가인데도 잘 알려져 있지 않아요. 그렇게 보면 처음 듣는 이름이라는 것이 조금도 이상하지 않아요."

"와, 찾아보니 대단한데요? 겨우 18세에 그린 드로잉이 놀랍습니다. 어린 소녀의 웃음이 생동감을 강하게 살리고 알파벳 학습에 집중하고 있는 노파의 모습도 아주 자연스러워요. 그림의 내용도 뜻밖인데요. 글자를 잘 아는 어린 여자가 노파에게 알파벳을 가르치는 모습이라니! 당시에는 텍스트가 남자 엘리트들의 소유였다고 해도 과언이 아닐텐데요."

"와, 내용에 대한 이해는 시대적인 이해가 있어야 가능한데 역사에 관심이 아주 많은가 보군요. 대단한 감상입니다."

"여성에 대한 시대적인 관점이 정리된 것은 2021년에 새로이 번역되어 출간된 시몬느 드 보부아르의 『제2의 성』을 통독한 뒤입니다. 변화의 핵심이 무엇인지 아주 잘 정리되어 있더라고요."

"독서량이 대단하군요. 그런데 학생처럼 독서하는 친구들이 많아요?"

"글쎄요. 아마 제가 천연기념물에 가까울 겁니다. 아무튼 드물죠. 학교 점수와 상관없는 독서를 하는 친구들은. 선생님의 이 길고 긴 이야기를 아주 재미있게 듣고 있는 학생을 또 보신 적 있으셔요? 없잖아요. 제가 멸종위기 동물인 게 맞잖아요."

웃음 ^_^.

"아무튼, 앞으로는 여성 작품의 표현 내용과 방식이 '새로움의 중요한 포인트'가 될 겁니다. 드라마나 소설의 경향도 상당히 그렇습니다. 앞에서 본 드라마 스토리의 경향도 그렇지만 정치 상황에서

그림 6 | 소포니스바 앵귀솔라, 〈알파벳을 배우는 노파와 웃는 소녀〉(1550년대), 30x34.5cm, 종이에 검은 분필, 우피치 미술관

도 그런 변화가 시작될 겁니다. 소설과 드라마가 어젠더를 앞서 내놓고 다루어 본 시뮬레이션이니까요. 미드 가운데 〈하우스 오브 카드(House of Cards)〉(2013~2018)라는 정치 드라마가 있습니다. 그 드라마에서는 남편을 대통령으로 만들려고 하는 아내가 나중에서는 자신이 대통령이 되는 것으로 방향을 뒤집어버립니다. 재미있기도 하지만 대단히 사실적인 정치 현실을 보여준다는 점에서 놀랍습니다. 빌 클린턴 대통령도 이 드라마를 보고 대단히 리얼하다고 인

정했을 정도죠. 사실은 이보다 더 시궁창이라면서. 시즌 6으로 진행되면서 현실과 드라마 제작 과정에서 드러난 '사건'들이 시사하는 바도 큽니다. 주인공 역을 맡았던 케빈 스페이시가 제작진에게 저지른 성추행 폭력 때문에 드라마에서 '죽음'으로 처리되고 아내였던 로빈 라이트(클레어 언더우드 역)가 대통령으로 등장합니다. 아주 자극적인 대사도 나와요. '이제 백인 남성이 지배하던 시대는 끝났어요.' 거기에 이런 말도 추가됩니다. '이제 시키는 대로 하지 않을 겁니다.' 어떤가요? 오늘날에 이르면 이 정도 남녀 역할의 반전은 별것도 아닌 게 되었어요."

"그렇다면 16세기 이후에 여성 화가들의 활약이 시작되어 오늘날에 이르렀다는 말씀이신데, 그 자세한 내용을 어디에서 찾을 수 있을까요?"

"올해 안으로 제가 쓴 '업그레이드 서양미술사'가 출간될 겁니다. 지금 열심히 편집 중입니다. 거기에서는 여성 화가에 대해 비교적 자세히 다루었어요. 충분하지는 않겠지만 유튜브를 볼 수도 있겠죠. 여성 화가와 예술, 또는 여성 화가를 검색해보면 많을 겁니다. 저에게 많은 실마리를 제공했던 것은 영국 BBC에서 만든 세 편짜리 시리즈인 〈여성과 예술 이야기(The Story Of Women And Art)〉(2014)입니다."

"예, 선생님. 그런데 이번 이야기 주제는 창의성의 뿌리를 어디에서 찾을 수 있느냐는 건데요… 지금까지 내용도 뿌리에 해당되긴 하겠습니다만."

"학생은 자신의 그림이 자기가 닮고 싶었던 화가의 그림에 비해 얼마나 새롭고 특별하다고 생각하나요?"

"글쎄요. 기법이야 뭐 따라하면서 나름대로 시도한 거고, 내용에는 제 삶을 담았으니 어딘가 달라도 조금은 다르지 않을까요?"

"일리가 있는 말이에요. 나름대로 자기의 목소리를 내고 있다는 거야 어떻게 부정할 수 있겠어요. 그러나 자신과 비슷한 입장에서 비슷한 고민을 해본 사람은 없었을까요? 왜 사람들은 다들 다르게 살고 있는 것 같지만 또 비슷하게 살아가잖아요. 그 비슷한 느낌이 글과 그림으로 표현된 적이 없었을까요? 사실 나는 학생의 그림을 보았을 때 어디선가 본 느낌이 들었어요. 화가 이름이 퍼뜩 떠오르지는 않았지만 언젠가 본 듯한 느낌을 받았던 거예요. 그래서 찾아 보았더니, 역시나 본 적이 있었던 겁니다. 한국어로는 번역된 적이 없는 영문판 『게오르그 바젤리츠(George Baselitz, 1938~)』의 그림이었어요. 현재 87세이지만 2021년에도 대규모 회고전이 파리 퐁피두 센터에서 열리기도 했어요. 그의 그림을 보면 여러 개의 선을 겹쳐 형태를 만든다거나 강렬한 표현주의적인 드로잉 방식, 조금 그로테스크한 형태 감각… 그런 것들이 아주 비슷해 보입니다."

"저는 처음 듣는 화가입니다. 잠깐만요, 선생님. 잠깐 검색을 해 보겠습니다. … 와 이거 놀랍군요. 아니 놀랍다는 말로 충분하지 않아요. 어떻게 이럴 수가 있나 싶을 정도로 제가 그의 아이디어를 훔친 것 같아요!"

"그렇죠? 묘하게도 바젤리츠도 다리를 자주 그렸어요. 위아래를 뒤집은 것도 바젤리츠의 그림이 주는 느낌과 무척이나 비슷해요. 아, 물론 조금 다르죠. 모사한 것도 아닌 만큼 다를 수밖에 없겠죠. 그러나 발상이나 기법이 비슷하니 아류로 취급될 수 있어요. 적어도 독창적이라고 평가할 수는 없는 거죠. 학생 입장에서는 두 가지 점에서 억울하겠죠. 꽤 오랫동안 고민하고 시행착오를 거쳐 나름대로 창조한 스타일이 그다지 창의적이지 않다는 점이 그 하나고, 진작에 바젤리츠를 알았다면 그의 인생과 그림을 통해 미리 충분히 실험해보았겠지요. 지금쯤은 다른 작가의 다른 스타일을 실험하고 있을지 모릅니다. 그래서 매우 창의적인 예술가가 되기 위해서는 '거인의 어깨 위에 올라서서' 보아야 한다는 겁니다. 그동안 선배들이 이뤄놓은 미술의 전통과 성과를 먼저 섭렵해야 하는 거죠. 바젤리츠의 경우도 마찬가지였어요. 그는 아카데미 미술을 부정하고 그 방법과 내용에 반대했어요. 그러면서 미술가의 역할은 반사회적인 것이라고 말했죠. 그의 이런 발언과 그림을 볼 때 그가 이전의 전통적인 미술에 대해 잘 알고 있었다는 것을 알 수 있죠. 그림을 거꾸로 걸겠다는 것은 바로 걸 때의 모습과 느낌에 대해 알고 있어야 의미가 있을 테니까요."

"결국 전통이라는 진부함을 섭렵하고 이해한 뒤 거기에 충격을 가하는 작업에서 창의성이 발휘된다는 말씀이군요. 그렇다면 학생 시절이란 거인의 어깨 위로 올라가는 여정이어야 하고요."

"그렇죠. 먼저 고정관념이 어떤 것인지 배워야 창의적인 것이 어떤 것인지 알 수 있지 않겠어요? 앞에서 이야기한 트럼본 여성주자

애비 코넌트도 그가 '공부한 과정'을 보면 세계적인 연주자로 인정받기 전에 '거인의 어깨 위에 올라서 있었다'는 것을 알 수 있습니다. 그녀는 대단히 길고 혹독한 수련 과정을 거쳤어요. 인터로첸 아트아카데미에 장학생으로 입학했으니 일찍부터 재능을 보였으리라고 짐작할 수 있죠. 그곳을 1973년에 졸업하고는 템플 대학과 예일 대학에서 더 공부했어요. 그런 다음에는 다시 줄리아드에서 석사 학위를 받았고, 같은 해인 1979년에는 뉴욕젊은예술가대회에서 결선까지 진출할 정도의 연주 실력을 보입니다. 그 뒤 다시 이탈리아의 시에나에 있는 치기아나(Chigiana) 음악원에서 공부한 다음 1984년에는 쾰른에서 최고연주자 과정까지 마쳐요. 인터로첸에 입학하기 전의 어린 시절을 빼면 대략 14년 동안 음악가로서의 수련을 거친 셈입니다."

"트럼본이라는 악기가 단순해 보이던데 14년 동안 '배웠다'는 것이 놀랍군요."

"그렇죠? 코넌트는 음악학교에 장학생으로 입학할 만큼 충분한 재능을 가진 사람이었지만 거인의 어깨 위에 올라가기까지 14년이 걸렸던 셈이죠. 미술도 다르지 않을 겁니다. 내 서재만 해도 1천 권 정도의 미술책이 있습니다. 시립도서관에 가면 수천 권이 있을 거고요, 국립중앙도서관에 가면 수만 권이 있지 않을까 싶어요. 그 미술책에 소개된 그림과 화가들 수는 얼마나 많겠어요? 그 수많은 화가들의 고민은 지금 화가가 되려 하는 학생들의 고민과 많이 달랐을까요? 예를 들면 어떤 주제에 어떤 구도가 가장 적절할까? 어떤 재료로 어떻게 표현해야 할까? 그런 고민은 아주 짧게 잡아도 500년 이상 해온 것들입니다. 수많은 사람들이 수없이 많은 시행착오를 거치면서 찾아낸 아름다운 구도들이 많아요. 이미 찾아낸 아름다운 구도들이 어떤 것인지를 알아야 내가 생각해낸 구도가 새로운 것인지 진부한 것인지 알 수 있지 않겠어요? 재료와 표현방법도 마찬가지일 거고요. 그러니 거인의 어깨 위에 서서 보았기 때문에 멀리까지 볼 수 있었다는 말은 물리학이나 과학에만 적용되는 말이 아니에요. 어느 분야나 다 마찬가지입니다. 창의성을 가지고 싶다면 그래야 하죠."

"그리고 행운도 꼭 필요하겠어요. 앞에서 설명해주신 코넌트의 경우를 보더라도요."

"맞아요. 예술가의 창의성은 재능과 전통에 대한 학습, 행운을 통해 세상에 드러납니다. 그렇지만 그 행운은 거인의 어깨 위에 올라서 있는 사람에게만 의미가 있는 것임을 잊지 말아야 할 겁니다."

7

내가 나를 초월하는 창의력

 "그렇다면 선생님, 어린아이에게는 창의성을 발견할 수 없는 것일까요?"

 "사람은 모두가 창의적인 동물이라는 점에서 창의성을 가지고 있어요. 그건 다른 동물과 비교해보면 쉽게 알 수 있지요. 사람과 DNA가 97.8%나 같다는 침팬지들도 '창의성'의 한계 때문에 인간과 같은 언어를 가지고 있지도 않고, 정교한 인간의 언어를 배우지도 못합니다. 그러나 인간은 사람들 안에서 자라기만 하면 언어를 배웁니다. 소통 가능한 언어를 배울 뿐만 아니라 자기만의 언어까지 만드는 창의성을 발휘해요. 그런 인간의 창의적인 능력으로 볼 때 침팬지의 아기로 자라면 침팬지의 언어를 배울 겁니다. 그러나 침팬지는 인간의 언어를 배우지 못해요. 인간만이 가진 창의성 덕분입니다. 그런데 인간의 학습은 생존본능의 영향을 받습니다. 아마 대부분의 동물이 다 그럴 겁니다. 무엇을 배우는 것이 살아남는 데 도움이 되는지를 본능적으로 아는 것이지요. 예를 들면 인간의 아이가 처음 말하는 낱말이 대개 무엇일 것 같아요?"

"'엄마'가 아닐까요?"

"그래요. 아마 대개는 그럴 겁니다. 그런데 말이에요. 그게 참 신기하다고 생각을 해본 적이 없나요? 아이가 태어나면 대개 엄마의 보호를 받습니다. 엄마는 아주 많은 이야기를 해요. 처음 말을 시작하기 전 일 년 정도 동안 아기는 많은 낱말을 듣는 거죠. 그런데 그 많은 낱말 가운데서 하필 '엄마'라는 말을 먼저 익힙니다. 다른 경우라고 해도 맘마(음식), 아빠(보호자)가 가장 많아요. 그 이유를 여러 가지로 설명할 수 있겠지만 엄마는 아기의 생존에 절대적인 영향을 미칩니다. 그런 것을 본능적으로 아는 거지요. 이처럼 인간의 '창의적인 학습 능력'이 어디로 향하느냐 하는 것은 생존 본능의 영향을 받는다고 할 수 있어요.

또 이런 예를 들 수 있어요. 동양의 아이들은 대개 동사를 먼저 배우고 서양의 아이들은 명사를 먼저 배운다고 합니다. 그런데 동양의 아이라고 해도 일찍부터 서양인의 가정에 입양되어 자라면 명사를 먼저 배웁니다. 거꾸로도 마찬가지이고요. 단지 생존에 영향을 미치는 낱말뿐 아니라 그 집단의 문화까지도 가려가며 배울 줄 아는 거지요.

이처럼 인간의 창의성은 새로움을 지향하면서도 매우 보수적인 경향을 가지고 있어요. 사실 보수적이라는 것은 우리의 삶에 매우 중요합니다. 자신의 삶을 잘 살펴보세요. 대부분은 보수적인 방식으로 구성되어 있어요. 우리의 의식주는 대단히 보수적이고 전통적인 방식으로 구성되어 있어요. 그 안정감 위에서 새로움을 추구하는 거죠. 생각해보세요. 자신이 가진 물건들 가운데 '공장 물건'이 아닌 게 몇 개나 되나요? 공장 물건은 대량생산을 전제로 만들어지는 것이잖아요. 그러니 대개의 상품은 보수적인 관점에서 만들어지고, 우리는 그렇게 만들어진 거대한 진부함 속에서 삶을 꾸려갑니다. 어쩌면 그 거대한 진부함이 우리를 새롭고 창의적인 어떤 것에 끊임없이 관심을 가지도록 부추기는 것인지도 모르지요. 우리는 안정감을 추구하면서도 '살아 있다는 느낌'을 주는 모험에 빠져들곤 하잖아요."

"선생님 말씀을 듣다 보니 갑자기 제가 미술학원들에서 기초라고 강조하는 데생이나 사진을 모사하는 연습을 열심히 하지 않은 것이 좀 찔리네요."

"아, 그랬어요? 사실 미술학원에서 가르치는 것은 좀 진부한 기술이죠. 그렇지만 그 기술은 책을 읽기 위해서 글자를 배우는 것과 비슷한 겁니다. 데생은 3차원의 실체를 2차원으로 번역하는 미술언어 가운데에서도 매우 중요해요. 텍스트를 읽기 위해 가나다라를 배우는 것과 비슷한 겁니다. 그리고 다른 그림을 따라 그리는 것은 인류가 미술을 발명했을 때부터 사용했던 학습방법입니다. 말을 배우는 것도 주변 사람들이 말하는 것을 듣고 배우는 겁니다. 그 말의 내용은 대단히 보수적인 거죠. 글도 마찬가지입니다. 어릴 때를 떠올려보세요. 책에 쓰인 대로 되풀이해서 베껴 쓰기를 하지 않았나요? 그 방법은 작가가 되고 싶은 사람들에게도 권하는 방법 가운데 하나입니다. 뛰어난 작품을 베껴 쓰면서 글쓰기의 요령을 배우는 겁니다. 지나치게 우직한 방법 같지만 효과가 있죠. 어때요? 미술학원에서 미술 언어를 가르치는 방법과 거의 비슷하죠? 생각해봅시다. 이렇게 하면 무엇을 배우게 될까요?"

"그동안 선배들이 이룩한 표현기법의 정수를 배우게 되겠군요."

"예를 들어 20세기 최고의 화가로 꼽히는 피카소의 어린 시절 그림은 우리에게 잘 알려진 추상화가 아니에요. 열다섯 살 때 그렸다는 〈첫 영성체(The First Munion)〉(1896)를 보면 옛날 거장들이 사용했던 구도와 색채, 기법이 그대로 드러나 있습니다. 전통적인 방법을 배운 거지요. 〈페파 아주머니의 초상(Portrait of aunt Pepa)〉(1896)에서는 루벤스 그림의 느낌이, 〈푸른 옷을 입은 여인(Woman dressed in blue)〉(1901)에서는 툴루즈 로트렉(Henri de Toulouse-Lautrec, 1864~1901) 냄새가 납니다. 피카소 자신은 그 나이 때 스페인 최고의 화가 가운데 한 사람인 벨라스케스(Velázquez, 1599~1660)처럼 그렸다고 했지요. 그리고 10대 때 그린 데생들도 꽤 남아 있어요. 그런 것들은 피카소의 미술공부 과정을 보여줍니다. 20세기 가장 창의적인 예술가로 꼽히는 피카소 역시 데생과 함께 선배들을 모방하는 과정을 거치면서 '거인들의 어깨 위'에 올라섰던 겁니다. 그리고 거기에서 멀리 내다보고 새로움을 추구했던 거지요."

"지금 막 인터넷에서 검색해봤는데 10대 중반에 그렸다는 드로

그림 7 | 파블로 피카소, 〈푸른 옷을 입은 여인〉, 1901, 캔버스에 유화, 133.5 x 101cm, 후기 인상파 스타일의 작품이다. 툴루즈 로트렉의 분위기를 물씬 풍긴다.
© 2025 - Succession Pablo Picasso - SACK (Korea)

잉이 뛰어나군요."

"이런 생각을 해보면 좀 더 잘 이해할 수 있을 겁니다. 사람은 어떻게 언어를 배웁니까? 주변 어른들의 말을 들으며 배웁니다. 진부한 어른들의 언어를 사용하면서 언어를 배웁니다. 적어도 배우는 과정에서는 보수적이고 진부한 내용을 습득하게 되어 있는 것이지요. 이미지도 별 차이가 없을 겁니다. 이미 다 만들어진 주변 환경을 '보기' 시작하는 것이니까요. 책에 실려 있는 그림이나 만화, 잡지의 이미지를 접하는 것이지요. 설사 그림에 관심이 있다고 해도 학생 스스로도 말했듯이 드가나 콜비츠처럼 '이미 매우 유명해서 진부한' 그림들이에요. 이번 대화를 통해서 알게 된 바젤리츠 그림 같은 것을 알 기회는 매우 드물죠. 바젤리츠는 한국에서 유명하지도 않고, 다른 유명한 화가들처럼 교과서에서도 언급되지 않거든요. 그렇다고 바젤리츠가 진부하지 않은 것도 아니지요.

그러니 학생 시절에는 대개 걸작이라는 이름이 붙은 진부한 작품들을 주로 만납니다. 학교에서는 학생이 스스로 선택하게 하는 것이 아니라 정해진 교육과정을 거치게 합니다. 그래도 나만의 취향이라는 것이 있지 않겠느냐고 말할지 모르겠어요. 그러나 잘 생각해보세요. 예를 들어 음식 문제만 해도 그래요. 대개는 엄마가 해준 음식을 좋아합니다. 어린 시절의 취향은 그렇게 만들어지는 겁니다. 자기가 속한 집단의 보수적인 라이프 스타일에 익숙해지는 거지요. 새로운 선택을 할 기회는 드물고 있는 것 가운데 하나를 고르는 게 보통입니다. 그러니까 젊은 시절의 사고방식은 자기가 생각하는 것보다 훨씬 더 주입된 것이에요."

"그러면 선생님, 저희는 언제쯤이면 '창의적인' 예술가의 삶을 시작할 수 있는 걸까요?"

"지금까지 말했던 것처럼 선배들의 표현기술을 마스터하는 때가 될 겁니다. 이렇게 말하면 예술에서 기술이 전부냐고 물을지 모르겠어요. 어느 정도는 그렇습니다. 기술에 대한 평가 역시 그 기술이 담고 있는 내용이 무엇이냐에 따라 달라지는 법이니까요. 그런데 이런 질문은 그리 큰 의미는 없습니다. 예술가가 되든 또 다른 어떤 분야의 일을 하든 창의적인 사람들은 자신이 잘 할 수 있는 일이 무엇인지 머리보다 몸이 먼저 압니다. 예를 들면 찰스 다윈의 어린 시절 이야기를 들어보면 그는 『종의 기원』(1859)과 같은 책을 쓸 수밖에 없었던 사람이라는 느낌을 받습니다.

어린 찰스가 딱정벌레를 채집하고 있었어요. 어느 날 집 근처에서 지금까지 보지 못한 종류의 딱정벌레가 나무껍질 안으로 숨어드는 것을 보았답니다. 나무껍질을 벗기고 그 딱정벌레를 잡았어요. 그런데 그 속에 두 마리가 더 숨어 있었어요. 그놈들은 커서 한 손에 한 마리밖에 잡을 수가 없어서 한 마리는 입에 물고 집으로 뛰어갔다고 해요. 생물학자가 되려고 그런 행동을 했던 것이 아니라 그런 행동이 그를 생물학자로 만들었던 것이지요. 마찬가지로 그림을 그리지 않을 수 없으니 화가가 되는 겁니다. 글을 쓰지 않을 수 없는 사람이 작가가 되는 것과 마찬가지지요. 예술가들은 그런 존재입니다. 창의성은 그런 상황에서 발현되는 것이고요. 그러나 혹시 지금

화가가 되려 하는데 미친 듯이 그림을 그리지 못한다고 걱정하지 마세요. 그런 몰입은 의도적으로 되는 것도 아닐뿐더러 꼭 어린 시절부터 '그렇게 되는 것'도 아닙니다."

"그러면 창의적인 사람들의 어린 시절이 모두 찰스 다윈 같았다는 건 아니라는 말씀인가요?"

3부

나만의 창의성
비밀노트

8

우리는 모두 천재입니다

"속담에 이런 말들이 있죠? '잘되면 제 탓 못 되면 조상 탓.' 창의적인 사람의 어린 시절은 어땠는지를 살펴보기 전에 이 말부터 새겨볼 필요가 있어요. 도대체 지금 나를 만든 것이 무엇이냐는 거죠. 재능을 타고나는 것인지 길러지는 것인지를 알아야 어린 시절의 의미를 알 수 있지 않겠어요?

"그 말씀을 하시니까 시몬느 드 보부아르가 떠오릅니다. 여자로 태어나는 것이 아니라 여자가 되는 것이라고 했잖아요. 그 말이 맞다면 우리 모두의 현재는 누군가에 의해 만들어진 결과라는 이야긴데요.…"

"그렇죠. 그 이야기입니다. 그런데 결론은 완전 딴판이에요. 한때는 성장환경이 그 사람의 현재에 미치는 영향이 대단히 크다고 알려져 있었어요. 그러나 현대에 들어서 광범위하게 연구된 사례를 보면 그 영향력은 생각보다 적은 것으로 보입니다. 그 연구는 이런 것이었어요. 일란성 쌍둥이인데 어릴 때부터 헤어져 자란 사람들은 나이가 든 뒤에 얼마나 다른지를 조사한 겁니다. 일란성 쌍둥이라면 생물학적으로 완전히 같은 사람들이죠. 그런 사람이 다른 환경에서 자라면 얼마나 달라지는지를 알아보면 환경의 영향이 얼마나 큰지 분명히 알 수 있다는 생각에서 시작된 것이었어요."

"아, 그런 이야기를 들은 적이 있어요. 떨어져 자랐는데도 무척이나 비슷하다면서요?"

"다 그런 건 아니지만 정말 신기할 정도로 같은 사람도 있었어요. 어릴 때 헤어졌다가 마흔이 되어서야 만난 사람이었는데요 얼굴뿐만 아니라 목소리도 구별하기 어려울 정도였다고 해요. 병력도 비슷했고 취미도 비슷했어요. 피우는 담배도 같았고 손톱을 물어뜯는 것도 같았어요. 야구를 싫어했고 둘 다 목공소를 하고 있었어요. 더 심한 것은 애완견 이름이 토이라는 것, 그리고 아내 이름이 베티라는 것, 린다라는 이름의 여자와 이혼했다는 것까지 같았어요. 기가 찬 우연의 일치라고밖에 볼 수가 없지만 너무나 신기한 일이잖아요."

"그렇군요. 어떻게 그런 일이 일어날 수 있을까 싶어요. 일부러 서로 맞춘 것 아닐까 싶을 정도군요. 그런데 생각해보면 그렇지도 않겠다 싶고요. 애완견 이름이야 가능하겠지만 부인과 전부인 이름을 억지로 맞출 수는 없었을 테니까요."

"그런데 재미있는 것은 말이에요. 함께 자란 일란성 쌍둥이들은

그림 8 | 데이지와 바이올렛(Daisy and Violet Hilton, 1908~1969)은 최초로 장기적으로 생존한 영국의 샴쌍둥이다. 둘 다 뛰어난 실력을 갖춘 음악가였다. 바이올렛은 색소포니스트였고 데이지는 바이올리니스트였다. 데이지는 외향적이고 대담한 반면, 바이올렛은 차분하고 신중한 편이었다. 사진은 주로 같은 모습으로 남아 있지만 일상에서는 서로 구별되는 의상과 행동을 보이려 했다고 한다.

꽤 다르다는 거예요. 함께 자란 일란성 쌍둥이는 성격이 많이 다르다고 해요. 가장 극단적인 예가 샴쌍둥이입니다."

"그건 또 놀라운 말씀이군요."

"이런 일이 있었어요. 이란에서 살았던 샴쌍둥이였어요. 여자였는데 이름은 라단 비자니와 랄레흐 비자니(Ladan and Laleh Bijani, 1974~2003)였어요. 다행히 얼굴이 같은 방향을 보고 있었기 때문에 일상생활이 크게 불편하지 않았어요. 서로의 얼굴을 보려면 거울을 사용해야 했지만요. 이 둘은 법대까지 졸업했어요. 이란에서 여자가 그러기는 쉽지 않은 일이었지요. 그들은 스물아홉이 되는 해에 몸을 가르는 수술을 감행합니다. 하나인 몸을 둘로 만드는 것이었으니 무척이나 위험한 수술이었어요. 생존 가능성은 반반이었으니, 죽음을 무릅쓴 수술이었던 거지요. 그들은 수술 직전에 기자들에게 이렇게 말했다고 해요.

'우리는 아주 다른 두 사람입니다. 세계관도 다르고 생활방식도 다르고 여러 가지 사안에 대해 생각하는 방식도 아주 달라요.'

실제로 랄레흐는 테헤란으로 가서 기자가 되고 싶어했고, 라단은 고향에서 변호사로 살고 싶었어요. 라단은 말이 많은 편이고 성격도 다정다감했을 뿐 아니라 농담도 잘했습니다. 겉으로 보기에는 서로가 '다른 직업'을 가지고 살아가고 싶었던 것이 수술을 감행하는 가장 중요한 이유인 것처럼 보였어요. 그렇지만 서로 얼굴을 마주보고 싶다거나, 어쩌면 결혼을 하고 자기 아이를 가지고 싶었을지도 모르죠."

"수술은 성공했나요?"

"아닙니다. 죽었어요. 생존 확률이 반반이라는 말은 죽을 확률이 더 높았다는 말이었던 것 같아요. 그걸 알면서도 이 쌍둥이는 수술 해달라고 했다는 겁니다. 생물학적으로, 말하자면 타고난 것이 정확하게 같고 자란 환경조차 거의 같은 이 둘은 서로 다른 사람으로 살아가기 위해 목숨을 걸었어요. 이런 사례를 보면 태어나는 것도 길러지는 것도 아닌 것 같다는 생각이 들어요."

"타고나는 것도 같고 자란 환경도 같은데 다른 사람이 되었다는 거군요. 그러면 도대체 무엇이 내가 나이게 만드는 것일까요?"

"학자들에 따르면 '내가 나이게 만드는 것'은 이렇게 구성된다고 해요. 타고나는 것이 40% 정도이고, 10% 정도가 가정이나 학교와 같은 공통 환경에서 영향을 받고 25% 정도가 개인적인 경험이라고 합니다. 나머지 25%는 측정상의 오류입니다."

"예? 이건 거의 의미 없는 설명 같은데요? 개인적인 경험과 측정상의 오류를 더하면 50%나 되잖아요. 그게 무엇인지는 도무지 알 수 없다는 거고요. 그러니까 반 정도는 예측할 수 있는 요인이고 반 정도는 예측 불가능하다는 말이잖아요."

"그렇게 받아들일 수도 있겠군요. 학자들의 어떤 이론은 슬랩스틱 코미디 같다는 느낌이 들 때도 있긴 해요. (웃음) 그러나 이론 하나가 완벽한 하나의 그림이 아니라 전체 그림을 맞춰가는 조각 하나일 뿐이라고 보면 나름대로 의미를 찾을 수 있지 않을까 싶어요."

"아무튼 결국 모르겠다는 말이잖아요."

"사실 사람이 알 수 있는 것은 반도 안 된다고 봐야 해요. 타고나는 것이 40%라고는 하지만, 타고나는 것이 무엇인지도 정확하게 알 수는 없거든요. 그렇게 보면 평균적인 패턴이 어떤지에 대해서는 대충 짐작할 수 있지만 개인의 성격이나 생김새가 왜 그렇게 달라지는지는 도무지 알 수 없다는 뜻이 되는 거죠. 알 수 없는 수많은 요인이 뒤섞여서 개성이 탄생하는 겁니다. 완전히 타고나는 것도 아니고 길러지는 것만도 아니라는 거죠.

그렇지만 그렇다고 해도 여전히 환경은 중요해요. 타고난 능력이 어떻게 발휘되느냐 하는 것은 환경과의 상호작용에 의한 것이기 때문이니까요. 예를 들면 이런 거죠. 사람은 누구나 비슷한 언어 능력을 가지고 태어나지만 어떤 환경에서 자라느냐에 따라 모국어가 달라집니다. 한국인 아이라고 해도 아주 어릴 때부터 스웨덴에 입양되면 스웨덴어를 사용하게 되겠지요. 언어가 사고방식을 규정한다고 보면, 다른 사람이 되는 겁니다. 종교를 예로 들 수도 있겠네요. 광신자가 되거나 적당한 정도의 신자가 될 기질 같은 것이 있다고 해요. 그런 기질은 비슷할 수 있어요. 그러나 이슬람 국가에서 살면서 광신적인 기독교도가 되기는 어렵지 않겠어요? 거꾸로도 마찬가지일 테고요. 타고난 재능이나 성격은 비슷할지 모르지만 무엇을 학습해서 어떤 사람이 될 것인가 하는 것은 환경에 따라 무척이나 달라질 겁니다.

그러나 매우 고집스러운 유전자가 있다는 것도 이해해야 합니다. 예를 들면 범죄를 저지르는 성향은 유전율이 매우 높아요. 그런 아이라면 '좋은 환경'에서 자란다고 해도 범죄자가 될 가능성이 큽니다. 그것은 아마도 아무리 좋은 환경이라고 해도 범죄의 유혹이 충분히 많기 때문이 아닐까 싶어요. 지능이나 재능 역시 비슷합니다. 그 지능이나 재능이 발휘될 수 있을 만큼 좋은 환경이 아니면 어린 시절에는 드러나지 않을 수 있지요. 그러나 어른이 되면 자기의 길을 가는 경향이 큽니다.

현대 한국과 같은 사회라면 지적인 호기심이나 재능을 개발하지 못할 이유는 없어요. 지독하게 가난하지만 않다면 가능하죠. 학습의 내용과 방법이 거의 완전히 공개되어 있으니까요. 이런 상황에서는 기질이 중요한 역할을 할 겁니다. 획일적이고 경직된 사회에서 자기가 하고 싶은 일을 하려면 상당한 위험을 감수해야 할 테니까요. 그런 곳에서는 모험을 감수하는 사람만이 자신의 길을 갈 수 있는 거죠."

"한국은 그 위험 부담이 지나치게 커서 모험하기 어렵고 그러니 자기의 길을 선택하기 어렵게 만드는 나쁜 사회 같아요."

"… 동의해요. 그렇기도 하니까요. 그런데 말콤 글래드웰(Malcolm Gladwell, 1963~)이 이런 이론을 소개한 적이 있어요. 무슨 일이든 1만 시간만 열심히 해라. 그러면 성공할 것이다. 1만 시간이면 몇 년쯤 되나요? 하루 3시간을 기준으로 하면 10년 정도 걸립니다. 하루도 빠지지 않고 집중해서 날마다 3시간 무엇인가 한다는 건 쉬운 일이 아닙니다. 그런데 이 이론을 소개한 『아웃라이어』라는 책을 읽어보면 마치 끈기 있게 1만 시간만 채우면 될 것처럼 설명되어 있어요. 그러나 그게 전부가 아닙니다. 원래 이 '1만 시간의 법칙'을 발표한 학자의 논문 내용*은 조금 달라요. 무엇보다 '법칙'은 아니라는 것이고, 그럴 가능성이 높다는 것인데 말콤은 자기 책에서 대중이 오해할 수 있게 썼다고 비판했지요. 그럼에도 불구하고 1만 시간의 효과를 부정하는 것은 아닙니다. 문제는 무작정 어떤 일을 1만 시간 열심히 한다고 되는 건 아니라는 게 핵심이에요.**

그의 설명에 따르면 무엇보다 의도적인 학습이어야 한다는 겁니다. 무엇을 왜 해야 하는지 조건과 목표가 분명해야 합니다. 그러기 위해서는 연습을 시작하기 전에 '전문가'의 코치를 받는 게 좋습니다. 전문가는 그 어떤 일을 오랫동안 하면서 조건과 목표를 잘 아는 사람이죠. 그런 의미에서 무엇을 위해 어떻게 해야 하는지 '방법'을 제시할 수 있습니다. 전문가의 코치가 중요한 이유는 단기적인 목표와 중기, 장기 목표를 분명히 설정해줄 수 있고, 현재의 연습 방법의 잘잘못을 점검하면서 원래 하려고 했던 목표가 아닌 다른 방향으로 가는 건 아닌지 확인해줄 수 있습니다.

그래서 뛰어난 능력을 가진 전문가들은 '누구에게 배웠는지'를 중요하게 생각하는 겁니다. 여기에서 한 가지 더 추가해야 할 내용이 있습니다. 오늘날의 경우, 또는 미래의 경우 1만 시간 정도로는 안 될지 모릅니다. 이유는 간단해요. 조금 과장해서 말하면 '인간은

**   'The Role of Deliberate Practice in the Acquisition of Expert Performance', Psychological Review, K. Anders Ericsson(1947~2020), 1993

죽지 않을지도 모릅니다.' 1만 시간은 대충 60~70년 정도 살아가던 시대의 경우입니다. 오늘날 우리는 아마 100년은 쉽게 살아낼 겁니다. 저도 그렇지만 젊은 분들은 120년 이상 살지도 모릅니다. 여기에서 더 중요한 문제가 부각됩니다. 사실 그저 전문가가 되겠다고 10년 정도의 세월을 집중하는 것도 불가능해 보입니다만, 어찌어찌 한다고 합시다. 그렇지만 120년의 인생을 사는 동안 어떤 일이 좋아서 한다면 20~30년 동안, 길게는 50~60년 동안 할 수도 있을 겁니다. 과연 10년 동안의 경력을 가진 사람이 그보다 서너 배의 경력을 가진 사람보다 더 수준 높은 전문가가 될 수 있을까요? 안 될 겁니다. 그렇게 보면 어떤 분야의 전문가가 되기 위해서는 그 일을 좋아하는 사람이 되어야 합니다. 그러지 않고 어떻게 몇십 년 동안 같은 일을 할 수 있겠습니까? 좋아하는 게 무엇인지 알려면 여러 가지 모험을 해보아야 합니다. 다양한 경험 없이 무엇이 좋은지 어떻게 알겠어요?"

"선생님 말씀을 듣고 보니, 이제는 모험을 하지 않을 수 없겠어요. 선택이 아니라 필수일 것 같습니다. 체제 교육은 질서유지를 위한 역할 이상을 하기는 어려울 것 같고, 4차 산업혁명 시대를 살아야 하는 우리는 각자가 자기 갈 길을 선택해야 하니까요. 게다가 심각한 문제는 AI가 일반화되고 있다는 엄청난 문제까지 닥쳤잖아요."

"AI시대 이야기가 언제쯤 나올지 궁금했는데, 미래의 삶을 위한 모험이라는 문제와 맞닥뜨리니까 곧바로 부각되는군요. 그 이야기는 길게 할 수밖에 없는데요…"

"선생님, 그건 다시 시간 내어 자세히 설명해주시고, 여기에서는 하던 모험을 정리해주시면 좋겠습니다."

"그게 좋겠군요. 한국 사회가 구조적으로 심각한 문제를 안고 있지만 마음먹고 하면 못할 것도 없을 겁니다. 학생 말대로 이제는 선택의 문제도 아니고요. 가장 큰 문제는 그런 모험을 감수할 만큼 절실한 마음이 있느냐는 겁니다. 어쩌면 그런 모험심이 창의적인 사람에게 가장 필요한 자질인지도 모르지요. 글을 잘 쓰기 위한 재능 가운데 하나도 용기라고 주장하는 작가도 있습니다. 다른 사람들의 평가를 두려워하지 않고 모험적인 형식과 내용을 시험해볼 줄 알아야 한다는 겁니다. 어떤 의미에서 창의성이란 전통과 보수에 대한 저항 정신이니까요. 그리고 반 고흐에게서 보듯이 성공은 죽은 뒤에야 찾아올지도 모를 정도로 위험한 일이기도 합니다."

"고흐는 정신분열에 가까운 증상도 가지고 있지 않았나요?"

"아, 미쳤으니까 그럴 수 있었던 것 아니냐는 질문인가요? 맞아요. 정신분열증뿐만이 아니었으니까요. 150명이 넘는 정신과 전문의들이 고흐를 오랫동안 연구했어요. 어떤 정신적인 '문제'가 그렇게 대단한 그림의 원천이 되었는지를 알고 싶었던 겁니다. 그들이 내린 진단을 보면 정신분열증, 조울증, 매독, 측두엽 간질, 급성 간헐 포르피린증을 포함해서 아주 다양했어요. 포르피린증이란 피부가 빛에 민감해지고 정신질환을 일으키는 혈액병이에요. 그는 잘 먹지도 않았고 지칠 때까지 그림을 그리기도 했어요. 술도 지나쳤

그림 9 | 빈센트 반 고흐, 〈자화상〉, 1888, 61.5x50.3cm, 포그박물관, 하버드대학교

고 불면증까지 있었어요. 특히 압생트를 많이 마셨는데 이건 45도에서 74도에 이르는 독주였어요."

"고흐의 창의성은 정신분열증과 관련이 있다는 말씀인가요?"

"다 그런 건 아니겠지만 관련이 있다고 볼 수 있어요. 학자들의 연구에 따르면, 위대한 과학자, 지도자, 예언자들의 언행을 보면 정신분열증의 주변을 맴도는 것처럼 보일 뿐 아니라, 정신분열증을 가진 친척들도 있었다고 해요. 제임스 조이스, 알베르트 아인슈타인, 칼 구스타프 융, 버트런드 러셀의 경우 다들 정신분열증을 앓는 가까운 친척이 있었어요. 매우 정확하다고 평가받은 한 연구에 따르면, 뛰어난 과학자 중 28%, 작곡가 중 60%, 화가 중 73%, 시인들 중에는 무려 87% 정도가 약한 정도의 정신적 장애를 보였다고 해요. 이 정신분열증에 관해서 가장 재미있는 발언을 한 사람은 존 내시(John Forbes Nash Jr., 1928~2015)라는 수학자일 겁니다. 영화 《뷰티풀 마인드》로 더 잘 알려졌죠."

"영화 제목이 존 내시의 정신분열증은 아름답다는 의미로 읽히는군요."

"그런 셈이죠. 그는 매우 오랫동안 정신분열증으로 고생했어요. 아마 30년 가까이 그랬던 것 같아요. 그런데 회복하고 그리 오래지 않아 노벨상을 받습니다. 대단한 천재였던 겁니다. 그는 정신병 발작 도중에 제정신을 찾는 순간들이 결코 반갑지 않았다고 해요. 제정신은 자신과 우주와의 관계를 제대로 느끼는 데 방해가 되었다는 겁니다. 우리가 합리적이라고 믿는 생각을 벗어나지 않고는 뛰어난 창의성을 발휘할 수 없다는 뜻이기도 하겠죠. 말 그대로 미치지 않고는 미칠 수 없다는 겁니다."

"결국 무슨 일에든 미쳐야 미치는군요. 특히나 창의적인 일이라면 더욱더."

"그래요. 그렇지만 이건 꼭 짚고 넘어갑시다. 예술 분야에서 대가의 경지에 이르는 것이 분명 보통의 노력으로는 어려울 겁니다. 그런 경지에 이르려면 의식적인 노력이 아니라 그렇게 하지 않을 수 없을 만큼 미쳐야 가능할 테니까요. 그러나 우리는 16세기 피렌체에서 천재들이 폭발적으로 많이 등장했다는 사실을 기억해야 합니다. 환경이 나쁘면 수많은 천재들이 현실의 억압에 굴복하고 만다는 뜻이기도 하겠지요. 그런 면에서 지금 한국의 현실은 많은 천재들을 죽이고 있는 것인지도 모릅니다. 앞에서 다룬 1만 시간의 법칙은 개인의 책임만을 말하는 것이 아니거든요. 누구나 자신이 원하는 일에 1만 시간을 집중할 수 있도록 사회가 배려해야 한다는 뜻으로 해석할 수도 있어요. 그것이 그 사회에게 훨씬 더 이익이기도 하니까요."

"선생님, 그러면 사회제도를 먼저 바꾸어야 하나요? 어렵고 험하더라도 제 갈 길을 가는 것이 먼저일까요?"

"그 두 가지가 상호작용을 일으키도록 해야겠지요. 누군가가 미쳐서 이룬 것이 이 사회에 얼마나 중요한지 보여줘야 합니다. 그리고 또 누군가는 그런 일이 현실에서 더 많이 생겨나게 하려면 제도를 바꾸어야 한다고 사람들을 설득해야 하겠지요. 미쳐서 무엇인가를 이룬 바로 그 사람이 제도를 바꾸는 데 앞장서면 더욱더 효과적일 테고요."

"그렇군요. 미쳐야 미친다는 것을 보여주는 것도 사회제도를 바꾸는 데 중요한 역할을 한다는 말씀이죠? 저도 그냥 미치면 좋겠다는 생각이 들어요."

"좋은 생각이네요. 그런데 너무 미치려고 할 필요는 없어요. (웃음) 미칠 사람은 미치게 되어 있거든요. 미치지 않는다면 내가 미칠 사람이 아닌가 보다, 그렇게 편하게 생각하는 게 좋아요. 어쩌면 아직 미칠 정도로 하고 싶은 일을 찾지 못했기 때문인지도 모르고요. 그런 생각을 지지하는 재미있는 통계가 있어요. 미친 사람은(정신분열증을 겪는 사람은) 지역이나 인종과 상관없이 100명당 한 명 꼴로 나타난다고 해요. 생각보다 무척이나 많죠? 이 특이한 현상은 오래 전 현생인류가 생겨났을 때부터 그랬다고 합니다. 그리고 그대로 유지되어 왔어요. 참 신기한 일이라는 생각이 들지 않아요? 정신분열증을 가진 사람이라면 자손을 남길 확률이 매우 낮았을 텐데 말입니다. 이 문제와 관련해서 놀라운 점은 그 숫자를 채우는 요인이 유전자 돌연변이라는 겁니다. 돌연변이는 지금 우리의 주제인 재능과 창의성 문제와 깊은 관련이 있어요. 현대의 연구결과에 따르면 사람의 경우 부모에게 없는 돌연변이 유전자가 평균 70개 정도 자식들에게 발견된다고 합니다. 그 비율은 전체 유전자에 비하면 아주 미미할 정도로 적어요. 0.00000219%(2.19×10^{-6}%)밖에 안 됩니다. 앞에서 설명한 적이 있듯이 우리의 삶의 대부분은 보수적이고 아주 조금의 진보성이 세상의 변화를 추동하는 힘이라는 것이 생물학적으로도 증명이 되는 겁니다.

　또 놀라운 연구 결과 가운데 하나가 이런 겁니다. 정신분열증은 인간에게 유익한 돌연변이가 한 사람에게 지나치게 집중되어 감당할 수 없을 때 생겨난다고 합니다. 좋은 유전자의 과잉인 거죠. 그러니까 지나치게 집중되어 폭발해버린 사람은 실패한 천재라고 볼 수 있는 거죠."

　"결국 폭발해서 파괴되지 않을 만큼만 좋은 유전자가 집중되어 가벼운 정신분열증을 가진 사람이 사회가 인정하는 천재가 된다는 말씀이군요."

　"생물학적으로 그렇다고 볼 수 있습니다."

　"결국 선생님 말씀은 이렇군요. 우리들 가운데 수많은 천재가 있다. 그들은 자신의 능력을 발휘할 수 있게 해주는 환경을 만나면 천재가 된다. 그러나 모험심이 약한 기질을 가진 천재들은 현실의 억압에 굴복할 수 있다. 그러니 사회의 책임은 그런 천재들이 자신의 능력을 발휘하기 쉬운 환경을 만드는 데 있고, 개인적으로는 두려움 없이 모험을 즐김으로써 자신의 천재성을 드러낼 것이다. 그런 과정이 결국 사회를 지속가능케 하는 창조적 변화의 동력이 된다."

　"와! 정리를 점점 잘하는군요."

　"칭찬해주셔서 고맙습니다. 그런데 그렇다면 선생님, 창의적인 사람의 어린 시절에 대해서 알아보는 것은 별 의미가 없는 걸까요?"

"글쎄요. 그래도 그 과정에서 창의성의 정체를 좀 더 잘 이해할 수는 있지 않을까요?"

9

체제교육이라는 나름의 역할

"학교 이야기부터 해볼까요? 어린 시절에는 학교생활이 대부분을 차지하니까요. 결론부터 말하면 지금까지 학교는 창의적인 인물의 인생에 거의 도움이 되지 않았어요. 창의성 연구로 유명한 학자인 미하이 칙센트미하이(Mihaly Csikszentmihalyi, 1934~2021)도 그랬죠. 광범위하게 조사해보았지만 국가가 학교교육에 투자하는 노력과 자금의 규모에 비하면 결과는 너무나 우울하다고. 긍정적인 영향은 거의 찾아보기 어려운데, 오히려 창의적인 인물의 관심과 호기심을 억누르기만 했다는 거예요. 어쩌면 그건 당연한 결론이 아닐까 싶어요. 의무교육을 위한 시스템은 원래 표준화를 위해 만들어진 곳이니까요. 처음 '국민'학교를 만든 곳은 독일이었어요. 그때 국민교육의 목표가 다섯 가지였는데 이랬어요.

1.명령에 복종하는 군인, 2.고분고분한 광산노동자, 3.정부 지침

에 순종하는 공무원, 4.기업이 요구하는 대로 일하는 사무원, 5.중요한 문제에 대해 비슷하게 생각하는 시민들.

　이런 사람들을 만들겠다는 것이었어요. 그런 교육내용 가운데 가장 중요한 것은 '국어', 말하자면 표준말을 만들고 가르치는 일이었습니다. 생각해보세요. 지방 사람들이 제 각각 사투리를 쓴다면 소통이 되지 않을 거 아니에요. 그래서는 전국적인 차원에서 무슨 일을 도모하기가 너무나 어려울 겁니다. 특히 군대를 조직한다고 해봅시다. 군대에는 각 지방 사람들이 다 모입니다. 그런데 상관의 명령을 부하가 알아듣지 못한대서야 어디 전쟁을 치를 수 있겠어요? 그 뒤 네 가지 경우도 마찬가지입니다. 회사나 공무원 조직 역시 군대와 비슷하니까요. 그러니까 국가가 국민의 교육을 떠맡은 이유가 분명히 보이죠? 심지어 시민들까지도 획일적인 사고방식을 가지게 만들 생각이었어요. 그래서 국민교육에서는 주어진 매뉴얼을 읽고 이해하는 능력을 가르치는 게 최우선이 됩니다. 개인이 자신의 생각을 잘 말하거나 잘 쓰는 능력에는 관심이 없었어요.

　현대로 오면서 선진국에서는 집단보다는 개인의 행복에 초점을 맞추려고 노력했고 어느 정도 변화도 있었어요. 그러나 한국은 여전한 것 같습니다. 고등학교 때까지 비슷한 책을 가지고 비슷한 방식으로 교육하잖아요. 거기에 같은 시험지, 그것도 주로 사지선다형 시험으로 점수를 매기잖아요. 그래서 생각하는 방식과 수준을 매우 표준화시킵니다. 고등학교까지의 학교생활을 떠올려보세요. 국민교육 시스템의 목적과 방법, 내용이 처음 만들어지던 시절과 비슷하다는 생각이 들지 않아요?"

"예, 그랬던 것 같아요."

"소통이 되어야 권력이 작동한다는 것을 쉽게 이해할 수 있는 예가 있어요. 외국에 나갈 때 국제면허증을 가지고 나가 운전해보세요. 가벼운 교통법규 위반은 문제가 안 됩니다. 교통순경이 내가 무엇을 어떻게 위반했다고 말하는데 나는 무슨 말인지 몰라서 멀뚱멀뚱 쳐다보고만 있어요. 대개의 경우 교통순경은 소통이 안 되니까 그냥 가라고 합니다. 위반 사실에 대해 알리고, 운전자도 그에 대해 인정해야 하는데 서로 소통이 안 되니 어쩔 수가 없는 거죠. 게다가 운전자가 소통을 위해 동시통역을 요구하면 절차가 복잡해질 수밖에 없잖아요. 앱으로 소통을 시도하려 해도 이해할 수 없다고 하면 교통순경에게도 귀찮은 일이 됩니다.

게다가 현대인의 삶은 매우 복잡해서 표준말을 가르치는 것만으로는 충분치 않습니다. 발생가능한 다양한 사실에 대한 해석을 상식화해서 주입시켜야 합니다. 그래야 문제가 덜 발생하고 문제가 생기더라도 해결의 실마리를 잡을 수 있을 테니까요. 질서가 유지되고 사회의 안정을 확보하려면 어쩔 수 없는 거죠. 표준화되고 획일화된 상식이라는 것이 어느 정도는 긍정적인 역할을 하는 거죠. 그런데 그게 지나치면 죽음과 파멸을 가져옵니다. 그런 극단적인 상황은 조지 오웰(George Orwell, 1903~1950)의 『1984』(1948)과 같이 숨 막히는 유토피아 이야기를 통해서 느낄 수 있어요."

"저도 그 소설을 읽었고 영화도 봤습니다. 정말 죽음이던데요…"

"그런 곳에는 상식만 존재합니다."

"예? 상식만요? 상식적인 사회가 어떻게 그런 전체주의 국가가 될 수 있나요?"

"아, 그렇게 생각한다니 참 희망적이군요. 자신이나 주변 사람들이 가진 상식이 언제나 건강하리라 믿고 있나 봅니다. 상식이 통하는 곳이 좋은 사회라는 생각을 하니 말입니다. 그런데 상식은 개인의 의견이 반영되어 만들어진 것이 아니라 거꾸로 개인의 의견을 규정하는 것입니다. 사람들의 의견이 모여서 상식이 되었다고 생각하면 큰 오해입니다. 상식은 지배층이 통치의 편의를 위해서 만들어서 배포했던 것입니다. 우리가 알고 있는 전통이라는 것도 역시 만들어진 것이니 오죽하겠어요? 그것 역시 표준화와 획일화를 위한 사회적 통제의 일환이었지요. 상식이라는 말부터가 그 쓰임새를 위해 만들어졌습니다. 요즘도 그런 공부를 하나 모르겠어요. 내가 젊은 시절에는 취직시험에 '일반상식'이라는 과목이 있었어요. 나는 그 '일반상식'이라는 책 제목이 너무나 이상했어요. 그때까지도 상식이란 내 양심에 비추어서 부끄럽지 않은 생각쯤으로 알고 있었던 것 같아요. 참 순진했던 거죠. 아무튼 누군가가 정리해놓은 '상식적인 사고방식'을 가지지 않으면 사회생활을 할 수 없다는 뜻이 아니겠어요? 그래서 지나치게 상식적인 사회는 숨 막히는 곳이 됩니다. 상식에 대한 이야기가 좀 길어지는데, 그래도 짚어보고 넘어가죠.

예를 들어 '자기 분수대로 살아야 한다'라는 말이나 '모난 돌이 정

맞는다' 그리고 '모르는 게 약이다'라는 말을 상식이라고 여기는 집단이 있다고 생각해봅시다. 하층민들은 그저 귀족들이 시키는 일이나 하고 분수에 맞는 행동을 해야 상식적인 태도입니다. 그게 분수를 아는 태도이니까요. 조선시대처럼 신분계급사회에서는 그게 상식이었어요. 그런데 하층민 집안에서 아주 똘똘하고 용기 있는 아이가 태어났어요. 자라면서 그 상식이 불합리하다는 생각이 들어요. 자기는 능력이 뛰어난데도 왜 시키는 일만 죽도록 해야 하고, 그러면서도 겨우 연명할 정도로밖에 먹질 못하는가 싶었던 거죠. 임꺽정 같은 이가 그랬겠지요. 그래서 난을 일으킵니다. 오늘날 우리가 보면 당연한 저항이라고 느끼겠지만 그 당시에는 전혀 비상식적인 행동이었어요. 결국 관군에 의해 몰살당하고 말았어요. 모난 돌이 정을 맞은 셈이지요. '모르는 게 약'이라는 상식이 극단적으로 표출되었던 때도 있어요.

조선 중종 때 일어났던 기묘사화에 대해 들어본 적이 있죠? 기묘사화의 결과로 조광조와 그 일당들이 모두 참수되었잖아요. 조광조는 『소학』이라는 책대로 살겠다고 공언하고 다녔던 사람입니다. 한동안 사람들은 『소학』을 자발적으로 금서로 취급했어요. 모르는 게 약이라는 사고방식이었던 거죠. 그런데 이런 '상식적인 상황'을 모두 한꺼번에 모아보세요. 한국의 군사독재 시절이 그 비슷한 상황이었습니다. 얼마나 끔찍하겠어요? 동의할 수 없어도 따라야 하는 게 상식입니다. 상식은 특별한 개인에게 엄청난 억압이 될 수 있어요. 그러니 개인 의견은 무시되고 상식만 판을 치는 사회가 바로 전체주의 사회라는 겁니다."

"상식이라는 말을 쓸 때 조심해야 하겠군요. 갑자기 상식이라는 말은 폭력에 씌운 웃는 얼굴 가면처럼 느껴집니다. 아무튼 선생님, 그러니까 소통을 위해 시작된 표준화·획일화가 만든 상식이 질서와 안정을 가져다주지만 그것만이라면 끔찍한 사회가 될 수밖에 없다는 말씀이로군요. 그러니 그런 성격을 가진 상식을 가르치기 위해 만들어진 국민교육 시스템에서 창의성을 배운다는 것은 무척이나 어려운 일이겠군요."

"아이러니한 사실은 그런 시스템의 폭력이 한바탕 지나간 뒤에 놀라운 예술작품들이 나온다는 겁니다. 그런 시스템은 비인간적이기 때문에 필연적으로 저항에 직면하게 되고, 그 저항이 실패하는 듯 보이지만 결국은 이깁니다. 역사적으로 보면 늘 그래왔다고 나는 믿어요. 시간문제일 뿐이지요. 자신도 어쩌지 못하는 타고난 반골들이 있거든요. 실패한다고 그만두는 사람들이 아니죠.

그런 사람들은 대개 예술가적인 기질을 가지고 있습니다. 『1984』 역시 조지 오웰이 끔찍한 식민지 상황과 전쟁 상황을 겪으면서 느꼈던 절망을 표현한 것입니다. 조지 오웰도 그런 말을 한 적이 있어요. 자신은 정치적인 글보다 시대를 초월해서 살아남을 만큼 아름다운 작품을 쓰고 싶다고 했죠. 그런데 역시 아이러니하죠. 그는 죽기 전에 병든 몸으로 매우 정치적인 소설 『1984』를 썼고, 그 작품이 현대 최고의 고전 가운데 하나로 꼽히니까요.

한국의 경우에도 끔찍한 군사 독재를 겪으면서 많은 작품들이 쏟

아져 나왔죠. 조세희의 『난장이가 쏘아올린 작은 공』 같은 작품은 당대의 폭력을 고발한 것이기도 하지만 작품 그 자체로 아름답습니다. 아마 한국에서 유일한 기록을 가진 작품일 겁니다. 대개의 베스트셀러는 단기간에 팔리고 맙니다. 그런데 이 작품은 출간된 이후 24년 동안 꾸준히 쇄를 거듭하면서 150쇄를 넘겼고 판매 부수는 100만 부를 넘겼어요. 지금도 여전히 많이 팔립니다. 단지 한 시대를 고발한 것뿐이었다면 그러지 못했을 겁니다. 발간 30주년을 맞은 2008년에 작가인 조세희가 인터뷰에서 이렇게 말했어요. '아직까지도 청년들이 이 소설에 공감한다는 사실이 괴로워. 요즘의 청년들이 이런 이야기에 공감하지 못하고 그냥 옛날이야기라고 생각하길 바랐어.' 인간 사회의 변치 않는 '불평등' 문제는 공식적으로 누구나 인정하지 않지만 그것이 언제나 현실이기 때문일 겁니다.

미술로 보면 군사독재 시절의 오윤과 이응노 같은 화가가 등장했고, 홍성담도 그 맥을 이어가는 화가입니다. 홍성담은 2014년의 세월호 참사에 대해 그림으로 발언을 했어요. 그리고 그 그림을 전시하기로 했던 광주비엔날레와 갈등을 겪었습니다. 그러면서 세상에 좀 더 잘 알려졌지요. 미국의 외교전문지에서 뽑은 올해의 사상가 100인 가운데 한 사람으로 뽑혔으니까요. 세월호 사건은 당시 한국 사회가 얼마나 암울한지 보여주는 사건이기도 했지만, 동시에 그 어처구니없는 사건에 대처하는 민중의 힘을 보여준 사건이기도 했습니다. 빛은 어두울 때 가장 잘 드러난다는 사실을 다시 확인할 수 있었지요. 세월호 사건을 두고 절망적으로 말하는 사람들도 많지만

『1984』의 마지막 장면 같은 상황과 비교하면 비교가 안 될 정도로 희망적이지 않아요?"

"그런데 선생님, 한 가지 질문이 있어요. 『1984』를 읽어보면 마지막 장면이 절망적입니다. 소설에서 가장 중요한 장면은 마지막 장면이라는 말도 있잖아요. 사람들은 그래서 결국 어떻게 되는지 궁금해 하면서 읽는 거고요. 선생님께서는 결국 저항이 승리한다고 하셨지만 그 소설의 결말은 완전히 다른 느낌이에요."

"그 문제는 공지영의 소설 『도가니』 마지막 장면에서 어느 정도 답을 찾을 수 있지 않을까 싶어요. 영화로도 나왔으니 대충 줄거리는 알고 있겠죠? 오랫동안 장애인 학교의 선생들이 장애인들을 성폭행하고 있었어요. 그 학교에 새로 부임해온 선생인 강인호가 그 사실을 알게 되고 인권운동센터의 서유진의 도움을 받아 그 사실을 세상에 폭로합니다. 그러나 오히려 강인호가 해고당하고 장애인들의 처지는 더 나빠집니다. 오랫동안 성폭행해온 교장과 행정실장, 두 형제는 집행유예를 선고받습니다. 유죄이지만 실제로 형을 받지 않은 겁니다. 그 둘은 학교 설립자의 아들들로 지배층이죠. 이런 결말은 지배층의 폭력은 무너뜨릴 수 없는 철벽이라고 말하는 것 같습니다.

그러나 이 소설을 읽은 사람들은 어땠을까요? 독자들은 분노했죠. 많은 사람들이 이 이야기가 실화에 근거한 것임을 알고 심하게 부끄러움을 느꼈어요. 영화로 만들어진 뒤 온 나라가 분노로 들끓었으니까요. 그리고 다시는 이런 일이 일어나지 않게 하려면 어떻게 해야 할 것인가를 두고 공론화되기까지 했어요. 물론 그런다고 모든 문제가 한꺼번에 해결되지는 않습니다. 문학이 사회 문제를 해결하는 건 아니니까요. 그렇다면 무슨 의미가 있는 걸까요? 소설의 마지막 장면을 보면 짐작할 수 있습니다.

> 이 일이 있기 전과 이 일이 있은 후, 가장 변한 게 뭐니? 그랬더니 민수가 대답하더라구.
> ─우리도 똑같이 소중한 사람이라는 걸 알게 된 거요.
> 그때 나는 하마터면 울 뻔했어. 그러니 아이들이 이렇게 대견하게 커가는 것을 보면 우리가 꼭 진 것일까, 하는 생각도 드는걸.
> ─공지영,『도가니』, 전자책, 창비, 2017

이건 여전히 그곳에 남아 인권운동센터를 운영하며 장애인을 돌보는 서유진이 말없이 떠나버린 강인호에게 보낸 편지 내용의 일부입니다. 물론 이 편지는 작가의 목소리입니다. 작가인 공지영은『1984』를 쓴 조지 오웰만큼 냉정을 유지할 수 없었던 것 같아요(냉정을 유지하는 것이 꼭 더 좋다는 의미는 아닙니다). 그래서『도가니』라는 소설의 의미를 독자들에게 직접 전해주고 싶었던 것 같아요. 문학은 변혁의 씨앗이라고 말하고 있어요.

역사를 보면 혁명이 성공한다고 해서 혁명의 꿈도 곧바로 실현된 경우는 없습니다. 프랑스대혁명도 그랬어요. 1789년에 혁명은 성공했지만 그 혁명의 꿈은 19세기 말이 다 되어서야 현실화됩니다.

그림 10 | 체제교육을 받지 않아서 창의적일 수 있었던 것일까? 스무 살 버지니아 울프(Virginia Woolf)의 모습이다. 그녀는 정규교육을 전혀 받지 않았다. 울프의 아버지, 레슬리 스티븐Leslie Stephen은 당대 최고의 엘리트 코스를 거친 지식인이었고 유명한 학자였다. 그러나 그리 창의적이지는 않았던 모양이다. 창의성과 체제교육의 관계를 설명할 때 자주 언급되는 대조적인 부녀다.

100년이 걸린 거죠. 세상에는 수많은 사람들이 함께 살아가고 있어요. 그 사람들에게 이미 주입되어 있는 상식의 디테일이 바뀌는 데는 오랜 세월이 걸리는 법입니다."

"와~ 재미있어요. 옆길로 좀 샜지만 질서와 안정을 위해 치러지는 대가가 어떤 것인지도 알겠고, 창의성이란 것이 현실을 변화시키려는 힘이라고 보면 당대 지배층의 입장에서는 그리 달가운 게 아닐 가능성이 크다는 것도 이해했어요. 그러니 국민교육 체계 안에서 창의성을 배운다는 것은 참 어려운 일이겠고요."

"이제 천재들의 어린 시절 이야기를 좀 해볼까요?"

10

우연과 환경의 결과, 천재성

"천재들의 어린 시절에 대해 이야기하기 전에 대개의 경우 그 어린 시절이 어떻게 만들어지는지를 이해할 필요가 있을 것 같군요. 이건 실제로 있었던 이야기입니다.

그는 장래가 촉망되던 젊은 화가였습니다. 그를 인터뷰했을 때 그의 어린 시절은 완벽하게 아름다운 한 폭의 풍경화 같았습니다. 대개의 예술가들이 겪었다고 하는 어린 시절의 갈등과 긴장은 전혀 없었습니다.

그러고 10년쯤 지난 뒤에는 사정이 나빠졌습니다. 비평가들이나 수집가들은 그의 그림이 유행에 뒤떨어진 것이라 여기고 돌아보지 않았습니다. 그러자 그는 어린 시절에 불행했던 기억을 쏟아내었습니다. 자신에게 가혹하게 대했던 냉정한 아버지와 소유욕이 강해서 강압적이던 어머니가 등장한 겁니다.

또다시 10년이 흘렀습니다. 이제 그는 그림을 완전히 포기한 상태였습니다. 누구도 그 화가를 찾지 않았고 두 차례의 이혼으로 지칠 대로 지쳐 있었으며, 약물과 알콜 중독에서 벗어나려고 애쓰고 있었습니다. 그의 어린 시절에는 또 다른 불행이 덧붙여졌습니다. 아버지와 숙부들은 주정뱅이였고 자신을 정신적·육체적으로 학대했다는 것입니다. 그리고 자신의 실패는 그때부터 운명지워진 것이라고 여겼다고 했습니다.

과연 이 화가의 어린 시절은 실제로 어땠을까요? 나이가 들어 괴로운 상황에 처한 뒤에는 심리치료를 받았다고 하니 그의 설명은 믿기 어렵습니다. 20세기 심리학에서 가장 유명한 실험 가운데 하나가 거짓 기억과 관련된 것입니다. 심리치료를 받다 보면 과거의 기억을 되살리는 것이 아니라 현재의 자신을 변명하기 위해 없었던 과거를 만들어낸다는 것이 증명되었지요. 심리치료사가 그러도록 부추기기도 합니다.

실제로 자크 라캉과 같은 심리치료의 대가도 그렇게 말합니다. 심리치료는 진실을 발견하고 확인하는 과정이 아닙니다. 오히려 일상생활을 위한 소통이 불가능해진 사람을 가능하게 만드는 일이라는 겁니다. 잘 생각해보세요. 정상인 사람들도 늘 진실만 보고 진실만 말하는 게 아닙니다. 자기가 보고 싶은 것만 볼 뿐 아니라 필요하면 심각한 거짓말도 합니다. 필요에 따라 거짓말도 할 줄 알아야 정상인 거지요. 그렇다고 정신병자가 되는 건 아닙니다. 이 경우의 정상이란 진실을 말하느냐, 거짓을 말하느냐의 문제가 아니라 소통의 네트워크에서 문제를 일으키지 않는 상태라는 겁니다. 말하자면 사람들 속에서 적당히 섞여서 살아갈 수 있어야 정상이라는 이야기입니다.

어린 시절의 기억이 시시때때로 변했던 이 화가의 경우에도 자신의 현재 상황에 맞추어 어린 시절을 만들어낸 것 같습니다. 아니면 편리하게 합리화하기 좋은 기억만 선택적으로 떠올렸을지 모르지요.

사람들은 현재를 기준으로 과거를 만들어내는 경향이 강합니다. 그 욕구가 강하면 실제 일어났던 과거가 아니라 매우 주관적인 과거, 경우에 따라서는 전혀 있지 않았던 과거가 만들어집니다. 옆에서 암시를 하면서 부추기면 더 심해지지요.

그러니 어떻습니까? 누군가의 어린 시절을 정확하게 안다는 것은 매우 어려운 일입니다. 가까운 사람들이 잘 알 수도 있을 거고, 잘 모를 수도 있습니다. 알더라도 제대로 말해주지 않을 수도 있지요. 예를 들어 나 같은 경우에도 내 친구들뿐만 아니라 친지들조차도 내가 어릴 때 얼마나 심하게 매를 맞으면서 자랐는지, 한때 얼마나 끔찍하게 가난했는지를 모르더군요. 참 이상한 일이죠. 그래서 나는 자서전을 그대로 믿지 않습니다. 평전도 얼마나 진실일까 하는 의문은 있지요. 그나마 진실에 좀 더 가까이 갈 수 있는 방법은 같은 주제를 다룬 여러 사람의 이야기를 들어보고 가장 그럴 듯하게 재구성하는 겁니다."

"예? 선생님 같은 분이 어린 시절에 끔찍한 가난을 겪었고, 심하게 매를 맞고 자랐다니 상상이 잘 안 되는군요."

"하하하, 그건 칭찬으로 들을게요."

"아무튼 선생님 말씀은 대개의 경우 사람들은 어린 시절을 제대로 기억하는 것이 아니라 현재를 기준으로 만들어낸다고 보시는군요."

"현재의 자신이 불러내고 싶은 것만 선택적으로 불러낸다고 볼 수도 있죠. 누구나 그리고 언제나 다 그런 건 아닐지 모르지만 그럴 가능성이 높다는 것을 잊지 말아야 하고요."

어린시절의 기억은 주입된 것

"그렇다면 선생님, 피카소의 경우도 마찬가지일까요? 너댓 살 때부터 라파엘로처럼 그렸다는 이야기도 있던데요."

"너댓 살 때 그랬다는 것은 거짓말에 가깝습니다. 어린 시절에 대한 기억은 만들어진 것일 확률이 높습니다. 그 유명한 발달심리학자였던 장 피아제(Jean Piaget 1896~1980)의 고백부터 한 번 들어볼까요? 기억을 다룬 뇌과학 책에서 본 내용입니다."

내가 기억하는 첫 번째 사건은 두 살 때인 것 같다. 나는 열다섯 살까지 진실이라고 믿어온 다음 장면을 아주 분명하게 떠올릴 수 있다.

나는 유모가 밀어주는 유모차에 탄 채 샹젤리제 거리에 있었다. 갑자기 어떤 남자가 나를 납치하려고 했다. 나는 유모차에 벨트로 단단히 묶여 있었지만 유모는 나를 지키려고 그 남자와 용감하게 싸웠다. 유모와 남자가 싸우자 사람들이 모여들었고 경찰이 나타났다. 경찰은 짧은 망토를 걸치고 하얀 곤봉을 들고 있었다. 나를 납치하려던 남자는 달아났다. 유모 몸에는 여기저기 할퀴어진 자국이 남았다. 나는 아직도 아련하게나마 그녀 얼굴에 남은 생채기를 떠올릴 수 있다. 나는 지금도 이 모든 장면을 떠올릴 수 있을 뿐 아니라, 그곳이 지하철역 가까운 곳이었다는 것도 기억한다.

그런데 이 기억이 모두 거짓이라고 유모가 털어놓았다. 내가 열다섯 살이었을 때다. 부모님은 그 유모에게서 편지를 받았는데, 유모는 구세군으로 개종했고 지난날 잘못을 뉘우치고 있다는 것이었다. 그때 그 납치극은 유모가 지어낸 이야기였다. 얼굴에 난 상처는 스스로 만든 것이었다. 유모는 나의 부모님이 고마움의 표시로 준 시계를 돌려주고 싶다고 썼다. 그렇다면 아직도 생생한 이 기억은 부모님을 의심 없이 믿었던 어릴 때 들었던 이야기를 내 나름대로 만든 영화 같은 것이다.(The Origin of Intelligence in Childhood, Jean Piaget, 1952, 필자 번역)

"정도 차이는 있을지 모르겠지만 어린 시절의 기억이라면 그리 믿을 게 못 된다는 것을 염두에 두고 새겨야 합니다. 피카소의 경우도 그리 크게 다르지 않은 것 같아요. 너댓 살 때부터 화가처럼 그렸다는 것은 믿을 만한 이야기가 아닙니다. 가장 어린 나이에 그린 그림으로 남아 있는 것은 아홉 살 때 그린 〈투우사(Le Picador)〉가 있어요. 인터넷에서 찾아볼 수 있을 겁니다. 한번 보세요. 아이 그림 치고는 잘 그렸지만 대단한 신동의 그림으로 보이진 않습니다. 아무래도 아이들 그림이죠. 일곱 살부터 화가로부터 본격적으로 훈련을 받았다고 하니 그 정도는 그려야 하지 않나 싶어요. 뿐만 아니라 어린 나이에 무척 잘 그린 것들은 상당 부분 '선생들이 손봐준 것'이라는 설도 있습니다. 정말로 혼자서 그린 것으로 보이는 그림들은 '수준이 낮'거든요. 우리 주변에서 일어나는 일상적인 모습이죠. 그는 살아 있는 동안에 20세기 최고의 화가가 되었잖아요. 그러다 보니 피카소가 신동이었다는 명성을 해칠 것으로 보이는 그림을 없애버린 '어리석은 사람들'도 있었다고 합니다. 그 '어리석은 사람들'에 피카소 본인도 포함되었다고 해요. 피카소의 경우에도 어린 시절의 천재성은 과장되었다고 봐야 합니다. 그렇지만 피카소의 그림 실력이 무척이나 빠르게 발전했다는 데는 대부분 동의합니다. 일곱 살에 본격적으로 시작해서 열세 살쯤에는 화가였던 아버지보다 나았다니 정말 대단했던 거죠."

"그렇군요. 그러고 보면 피카소는 어린 시절부터 행복한 환경이었던 것 같아요. 그림 그리기를 좋아하고 재능도 있는데 그 재능을 마음껏 발휘할 수 있는 환경에서 자랐으니까요. 그러고 보면 예술가 집안에서 뛰어난 예술가가 나오는 것 아닌가 싶어요. 피카소의 아버지도 화가였고, 모차르트의 아버지도 음악가였잖아요. 왜 그런 걸까요? 예술가 유전자 같은 게 있지는 않을 텐데요."

예술적 유전자가 필요해?

"그래요. 유전자 같은 것이 따로 있지는 않겠지만 예술가 집안에서 뛰어난 예술가가 나오는 경향이 좀 있긴 한 것 같습니다. 혹시 모리스 위트릴로(Maurice Utrillo, 1883~1955)를 아세요?"

그림 11 | 모리스 위트릴로의 몽마르트르의 〈몽스니 거리〉(1914). 위트릴로의 그림에는 사람이 드물게 등장한다. 쓸쓸함과 고독이 천형처럼 묻어 있다.

"예. 잠깐만요. (인터넷을 검색하면서) 이름은 들어본 것 같은데… 아, 몽마르트르 골목길 그림을 많이 그린 화가로군요. 전에 본 적이 있어요."

"몽마르트르에서 태어나서 몽마르트르에서 자랐고 몽마르트르 골목을 그려서 유명한 화가가 되었어요. 뭔가 감이 팍 오지 않아요? 아까 학생이 말했던 바로 그런 혜택을 받은 화가인 거죠. 그림에 재능이 있고, 그림을 즐기는 사람이 그림으로 둘러싸여 있는 환경에서 자랐어요… 그렇지만 그는 스물한 살이 되기 전에는 그림을 그리지 않았던 것 같아요. 젊을 때부터 정신병으로 고생했는데, 그런 아들에게 어머니가 그림을 그려보라고 권했어요. 그러면서 그림을 가르쳤어요. 어머니인 수잔 발라동(Suzanne Valadon, 1865~1938) 역시 화가였거든요. 위트릴로는 어머니에게 조금 배운 것 말고는 따로 그림 공부를 해본 적이 없어요. 그런데 자기가 본 몽마르트르 골목을 금방 멋지게 그리기 시작했어요. 그리고 5년쯤 지나자 평론가들이 주목하기 시작했고, 오래지 않아 세계적으로 유명한 화가가 됩니다. 프랑스 정부로부터도 레종 도뇌르 훈장까지 받아요. 놀라운 재능을 가진 화가였던 겁니다."

"위트릴로도 역시 부모에게서 재능을 물려받았던 건가요?"

"재능과 환경, 그 두 가지가 상승작용을 일으켰던 것 같아요."

"어머니였던 수잔 발라동은 어떤 화가였나요? 아버지는 누구였고요."

"수잔 발라동의 어린 시절은 무척 불우했어요. 아버지는 누군지 모르고 어머니는 세탁 일을 하던 하층민 여자였어요. 제대로 보살핌을 받지도 못했고요. 그렇지만 놀라울 정도로 자신만만하고 재능이 넘쳤던 것 같아요. 가난했기 때문에 열한 살 때부터 일을 했어요. 여러 가지 직업을 전전하다가 열다섯 살에 서커스에서 공중그네를 타기 시작해요. 그런데 일 년 정도 뒤에 그만 추락하고 맙니다. 서커스를 그만두어야 했어요.

다시 직업을 찾아야 했는데 그때부터 자신의 소질을 제대로 발견합니다. 서커스에서 일할 때도 가끔 화가의 모델이 되기는 했는데 좀 더 본격적으로 그 일을 시작한 거죠. 대략 10년 정도 모델을 했는데요, 매혹적이고 도발적이며 아름답고 육감적인 모델이라는 평가가 남아 있어요. 그녀는 그런 모델의 신분으로 오늘날 우리가 잘 아는 유명한 화가들의 기법을 어깨너머로 모조리 섭렵합니다. 모델이 되어주고, 마음이 맞으면 사랑도 나누면서 화가들에게서 필요한 것들을 모두 배운 거죠.

이런 화가들이었어요. 퓌비 드 샤반(Puvis de Chavannes), 테오필 스탱랑(Théophile-Alexandre Steinlen), 오귀스트 르누아르(Pierre-Auguste Renoi), 앙리 드 툴루즈-로트렉(Henri de Toulouse-Lautrec), 에드가 드가(Edgar De Gas)…. 그들의 그림에서 모델이었던 발라동의 모습을 쉽게 찾아볼 수 있어요. 남아 있는 평가를 보면 발라동은 대단한 재능을 가졌던 것 같습니다. 이런 평가가 남아 있어요. '그녀에게는 야망이 있었고, 그것을 이룰 만큼 결단력과 집중력이 대단했으며 반항적이면서 자신만만하고 열정적이었다.' 예술가에게 필요한 모든

그림 12 | 수잔 발라동 〈투망〉, 1914, 캔버스에 유화, 201cm × 301cm, 낭시 미술관, 로트렉, 세잔, 마티스의 영향을 모두 보이는 작품이다. 발라동은 남자의 누드를 여자의 욕망의 대상으로 표현했다. 모델은 두 번째 남편이 된 21세 어린 화가 앙드레 우터이다.

것을 갖추었던 셈이지요. 그런 발라동을 그 유명한 화가들 모두가 사랑했던가 봅니다. 오죽했으면 로트렉이 발라동의 이름을 수잔으로 바꿔 불렀겠어요. 원래 이름은 마리였거든요. 수잔이란 성경에 나오는 이야기인 '수산나와 장로들'의 수산나예요. 인터넷에서 검색해보면 같은 제목의 그림이 아주 많을 겁니다. 아름다운 수산나가 목욕하는 장면을 나이 많은 장로들이 숨어서 구경하는 모습입니다. 로트렉이 수잔이라고 부른 이유를 짐작할 수 있죠. 로트렉은 두 사람의 관계를 가장 진지하게 생각했던 것 같아요. 결혼까지 염두에 두었다고 하니까요. 드가는 발라동이 혼자서 익힌 그림 솜씨에 감탄하고 그림을 사주면서까지 용기를 북돋아주었어요.

그런 세월을 보내면서 자기만의 그림을 그리기 시작한 발라동은 프랑스 사상 최초로 국립미술협회에서 인정한 여성 화가가 됩니다. 그리고 죽을 때까지 대략 40년 동안 그림을 그렸어요. 그녀의 그림은 여러 가지로 독특한 점이 있지만 주제 면에서 남다른 데가 좀 있었어요. 당시에는 여성 화가가 여자의 누드를 대담하게 그리는 경우가 드물었는데 발라동이 그랬죠."

"아, 그러니까 선생님 말씀은 어머니인 발라동 역시 화가로서의 재능이 뛰어났기 때문에 그런 환경을 이용해서 대단한 화가가 될 수 있었다는 말씀이군요."

"제가 보기에 재능도 있었겠지만 당대 최고의 화가들의 스튜디오에서 살다시피 하면서 어깨너머로 배우는 행운이 가장 큰 역할을 한 것 같습니다. 탄탄한 기초를 닦는 방법으로는 그게 가장 좋은 방법이긴 하거든요. 근대 이전에 동서양을 막론하고 도제 시스템이 가장 일반적이었잖아요. 현대의 경우도 예술가의 집안에서 예술가가 탄생하는 경향이 있는 것도 그 때문일 겁니다."

"그의 아들인 위트릴로 역시 그런 재능을 물려받았고, 화가들이 함께하는 환경에서 성장했으니 뛰어난 화가가 될 가능성이 컸던 것이고요. 그런데 아버지는 누구였나요?"

"발라동은 위트릴로의 아버지가 누구인지 죽을 때까지 밝히지 않았어요. 다만 이런 이야기가 전해지고 있어요. 발라동이 아기를 안고 먼저 르누아르에게 찾아갔다고 해요. 그 전 9개월 동안 르누아르의 모델이었거든요. 르누아르가 아기를 보더니 이랬답니다. '내 아기일 리 없어. 피부색이 끔찍하잖아!' 이번에는 드가에게 갔어요. 역시 그의 모델이었거든요. 드가도 마찬가지였어요. '내 아들일 리가 없어. 생긴 걸 봐요. 끔찍하잖아!' 발라동은 이제 어쩌나, 하는 괴로운 심정으로 아기를 안고 카페에 앉아 있었답니다. 거기서 미구엘 위트릴로라는 스페인 화가를 만났어요. 그를 붙잡고 하소연을 했나 봅니다. 이야기를 다 들은 그가 이렇게 말했다고 해요. '르누아르나 드가의 작품에 내 이름을 붙일 수 있다면 대단한 영광스럽고 기쁜 일입니다.' 그래서 아기의 성이 위트릴로가 되었다는 겁니다. 이 이야기가 얼마나 사실인지는 아무도 모르지요. 그렇지만 이 이야기를 통해 우리는 모리스 위트릴로가 몽마르트르의 화가들에게서 받은 재능과 그들의 예술적 환경에서 성장한 화가임을 너무나 잘 알 수 있는 거죠."

"선생님 말씀을 들어보니 역시 예술적 유전자가 있다고 봐야 하는 것 같아요."

우연과 환경이 범인인 경우

"글쎄요, 꼭 그럴까요? 아까도 말했지만 그런 환경에서 태어나서 자랐다면 분명 유리한 점이 있긴 할 겁니다. 그러나 전혀 그렇지 않은 경우도 많아요. 앙리 마티스(Henri Matisse, 1869~1954)의 경우가 그렇습니다. 아버지는 프랑스에서 한창 잘나가던 곡물상이었어요. 마티스는 아버지의 바람에 맞추어 법대를 다녔고 졸업한 뒤에는 법정 관리가 되었어요. 그런데 우연한 기회에 그림과 인연을 맺습니다. 스무 살에 급성맹장염을 앓고 수술한 뒤의 회복 기간이었어요. 어머니가 무료함을 달래보라고 미술용품들을 가져다주었어요. 그때 처음으로 그림을 그렸다고 합니다. 마티스는 그 경험이 낙원에 다녀온 느낌이었다고 해요. 건강을 회복한 뒤에는 아예 화가가 되기 위해 그림 공부를 시작합니다. 당시 가장 유명한 미술학교였던 파리의 줄리앙 아카데미에 들어갔어요. 그리고 당시 유명한 화가였던 귀스타프 모로(Gustave Moreau, 1826~1898)에게서 배웁니다. 그게 스물두 살이었어요. 그렇게 늦게 시작했지만 마티스는 그림에 몰입할 수 있었던가 봅니다. 겨우 5년이 지난 뒤에 화가로서 인정을 받게 되거든요.

고갱(Paul Gauguin, 1848~1903)은 더 심했죠. 아버지는 정치부 기자였고 할아버지는 정원사와 청과물장사를 했어요. 고갱이라는 이름도 '호두를 재배하는 농사꾼'이라는 뜻입니다. 어머니는 페미니스트 선구자였어요. 학교 역시 예술과는 전혀 상관없는 가톨릭 계통 기숙학교를 다녔고, 졸업하고는 상선을 탔던 선원이었어요. 그러다가 돌아가신 어머니 친구의 호의로 주식중개인이 됩니다. 그러고 돈을 꽤 벌었던 것 같아요. 고갱은 스물다섯 살쯤에 주식중개인을 시작했는데 그때부터 여가 시간에 그림을 그리기 시작했어

그림 13 | 윌리엄 터너, 〈루앙 대성당〉, 1832년경, 종이에 수채물감과 구아슈, 14x19.4cm, 테이트 갤러리, 영국. 터너의 사진 같은 기억력을 보여주는 루앙 대성당 묘사. 훗날 모네의 루앙 대성당 연작을 보면 터너의 영향력이 얼마나 깊은지 짐작할 수 있다.

요. 아마 고갱이 살던 지역의 분위기 탓이었을 겁니다. 환경의 영향이 컸던 거죠. 파리의 제9지역에서 살았는데 주변에는 인상파 화가들이 뻔질나게 드나드는 카페나 화랑이 많았어요. 고갱도 이곳을 기웃거리며 신인 화가들의 그림을 사기도 했어요. 그러다가 인상파 화가들의 선구자인 카미유 피사로(Camille Pissarro, 1830~1903)를 만나 본격적으로 그림을 그리기 시작했는데 그게 스물아홉 살이에요. 그리고 자신의 그림을 처음으로 선보인 것이 서른세 살 때인데

1881년에 열린 제6회 인상파 전시회였어요.

과학자가 된 갈릴레오 갈릴레이의 아버지는 음악의 역사에서 아주 중요하고 유명한 음악가였어요. 그랬지만 갈릴레오는 수학을 좋아했고 물리학에 능했죠. 대단히 창의적인 사람이었지만 아버지의 직업과는 아주 다른 분야에서 창의성을 발휘했지요."

영국 최고의 화가 가운데 한 사람으로 꼽히는 조지프 말로드 윌리엄 터너(Joseph Mallord William Turner, 1775~1851)는 여러 가지로 미스테리한 인물입니다. 그의 이름을 딴 영국의 터너상은 현재 최고의 권위를 자랑합니다. 그만큼 영국인들의 사랑을 받았고 독특한 화풍의 작품들을 남겼어요. 인상주의 화가들에게, 특히 클로드 모네(Oscar-Claude Monet, 1840~1926)에게는 엄청난 영향을 미친 것으로 보입니다. 그런데 그의 아버지는 이발사이자 가발 제작자였고, 어머니는 정육점 집안 출신이었어요. 집안은 전혀 예술적인 환경이 아니었어요. 그렇지만 두 가지 조건이 그를 세계적인 화가로 만든 것 같아요. 무엇보다 터너의 기억력은 초능력에 가까웠어요. 사진 같은 기억력을 가진 사람이 아니었나 싶습니다. 1920년 초반에 프랑스 루앙을 여행했는데 그때 보았던 루앙 대성당 그림은 1832년에 그렸어요. 그런데 놀랍게도 성당 아치의 곡선, 조각상의 배열, 창문의 장식 패턴, 그날의 날씨까지 정확하게 기억해서 그렸다고 합니다. 시각적인 기억력이 대단했던 거죠. 터너에게서 배웠다고 말하고 다녔던 모네도 비슷한 능력을 가지고 있었다고 합니다.

두 번째 조건은 앞에서 말한 수잔 발라동이나 고갱의 경우와 비숫합니다. 터너가 태어나 자란 곳이 런던의 코번트 가든(Covent Garden)인데 1663년에 드루리 레인 극장(Drury Lane Theatre)이 문을 열면서 연극, 오페라, 발레 공연이 활발해지고 예술가들이 몰려들기 시작했어요. 18세기에는 로열오페라하우스가 설립되면서 길거리에는 버스킹 아티스트나 마술사들의 공연이 많아졌어요. 오늘날에도 마찬가지라고 합니다. 말하자면 주변 갤러리에는 현대미술이 전시되어 있고 광장 한복판에는 오페라 가수들이 아리아를 부르고, 바로 옆에서는 현대적인 퍼포먼스 아트가 펼쳐진답니다. 그런 공간에서 사진 같은 시각 기억력을 가진 터너가 탄생한 거죠.

"그러고 보면 딱히 예술적 유전자 같은 것이 따로 있는 건 아니라는 생각도 들긴 하는군요. 그렇지만 터너나 모네 같은 사람이 가진 사진 같은 기억력은 화가가 되는 데 큰 도움이 되긴 했겠군요."

"그렇죠? 그런 유전자가 어디 있겠어요. 그런데 조금 곁으로 빠지는 이야기이긴 하지만, 시각적으로 천재적인 기억력을 가진 사람이 모두 화가가 되는 것도 아니고 그런 기억력이 제대로 쓰이지 못하면 매우 불행해지기도 합니다. 러시아의 유명한 사례가 보고된 것이 있지요. 무엇이든 기억하는데 문제는 아예 잊히지 않는 겁니다. 그도 사진 같은 기억력을 가졌는데 기자 생활을 하다가 나중에는 기억술 묘기로 서커스단에서 일했어요. 결국은 정신병원에서 생을 마감했습니다. 잊혀지지 않는 기억력의 저주였던 겁니다."

"받은 재능이 무엇이든 다른 조건과 조화롭게 어우러져야 좋은 결과가 만들어지는군요."

"마지막으로 빈센트 반 고흐의 집안을 볼까요? 고흐의 삼촌들 가운데에는 예술품 딜러이거나 예술가도 있었어요. 고흐와 이름이 같은 '빈센트 삼촌'은 조각가였죠. 그렇지만 고흐의 형제들 가운데 화가가 된 사람은 빈센트 반 고흐가 유일합니다. 막내 여동생은 아주 다른 방면에서 유명했어요. 빌레미나(Willemina) 반 고흐는 유명한 페미니스트 선구자 가운데 한 사람이었어요. 네델란드전국여성직업국(局)을 세우는 데 결정적인 역할을 했을 정도로 대단했죠. 분명한 것은 꼭 예술가 집안에서 예술가가 나오는 건 아니라는 거죠. 그럼에도 불구하고 그럴 가능성이 크긴 한 것 같아요. 어릴 때부터 보고 듣고 느끼는 것이 집안의 예술적인 분위기잖아요. 그러니 그 방면에 재능을 가진 아이라면 자라서 예술가가 되기 위해 그보다 더 좋은 환경이 어디 있겠어요. 그러나 그 방면에 재능이 없는 아이라면 그런 환경이 무척 괴로울 수도 있을 겁니다."

"그렇군요. 저도 가끔 그런 환경에서 자랐다면 지금보다 훨씬 더 잘하고 있지 않을까 생각해본 적은 있어요."

우리 모두의 유전자가 꽃을 피우려면

"생각하기에 따라서는 예술 유전자는 누구에게나 있다고 볼 수도 있어요. 그 유전자가 싹을 틔우고 성장할 환경을 만나면 예술가가 되고 그렇지 못하면 안 되는 거죠. 위에서 등장한 화가들의 삶을 잘 새겨보세요. 그들은 모두가 당대 최고의 '현장'에서 그림을 그렸어요. 그렇게 보면 현대의 화가 지망생들은 누구나 뛰어난 화가가 될 수 있는 환경 속에서 살고 있습니다. 우선 옛날과는 비교도 할 수 없을 만큼 이미지로 가득 찬 환경 속에서 살고 있어요. 그리고 마음만 먹으면 그 이미지를 만들어내는 방법에 대해서 얼마든지 배울 수 있어요. 독학으로도 가능해요. 인터넷이 있잖아요. 유튜브를 검색해보면 미술의 기법을 가르치는 공짜 비디오가 수도 없이 많습니다. 드로잉 기법에 대한 비디오나 책도 많을 뿐 아니라 피카소 같은 대가가 어떻게 그림을 그리는지도 볼 수 있어요. 그런 다큐멘터리도 있거든요."

"그런 게 있나요?"

"1956년에 프랑스에서 만들어진 건데 실제로 피카소가 작업하는 과정을 그대로 담았어요. 제목은 〈피카소의 비밀(Le Mystère Picasso)〉입니다. 오래전에 만든 것이지만 피카소가 작품을 만드는 시작부터 끝까지를 볼 수 있어요. 인터넷에서 쉽게 구할 수 있으니 한 번 보세요. 아마 화가 지망생이라면 놀라운 자료일 겁니다. 앞에서 수잔 발라동이 그림을 배운 방법을 생각해보세요. 대가들이 그림을 그리는 방법을 어깨너머로 보고 배운 거잖아요. 이제는 그런 환경이 어디에나 있다는 겁니다."

"결국 선생님 말씀은 누구나 가진 창의성을 어떻게 싹을 틔우느냐 하는 문제만 남아 있을 뿐 꼭 천재적인 재능이 필요하다는 건 아니로군요. 그리고 어린 시절부터 천재였다고들 하는 이야기는 모두가 좀 뻥이라고 보면 되겠군요. 그러니 노력하면 누구나 뛰어난 예술가가 될 수 있다는 건가요?"

"앞에서도 말했지만 억지로 하는 노력이 아닙니다. 저절로 그것을 하게 되는 거죠. 그리고 웬만큼 잘 하니까 계속하게 되는 겁니다. 성취감이 기쁨을 주잖아요. 그래서 더 잘 몰입하게 되는 거고요. 그렇지만 잊지 말아야 할 것은 뛰어난 창의성이란 거인의 어깨 위에 올라선 뒤에야 창의성이 본격적으로 드러나기 시작한다는 겁니다. 이 장에서 다룬 화가들의 삶에서 보았듯이 먼저 선배 화가들에게서 배운 뒤에야 자기 나름의 그림을 그려냅니다. 전통적인 기법을 마스터할 필요가 있는 거지요. 그런 점은 세계적으로 유명한 화가들의 스승이 누구인지 찾아보면 쉽게 확인할 수 있지요. 스승의 작품 스타일이나 경향이 제자와 아주 다른 경우가 많거든요. 그러니 전통적으로 축적되어 있는 기초적인 기술을 가르쳐주었다고 해석할 수밖에 없어요. 그건 그림뿐만이 아니라 다른 모든 예술 장르도 마찬가지입니다. 앞에서도 말했지만 글을 잘 쓰고 싶다면 대가들의 글을 많이 읽어야 해요. 그리고 그들이 글을 써내는 과정과 방법에 대해서 공부할 필요가 있어요. 그런 내용을 담은 책과 비디오는 이제 얼마든지 있으니 자신의 창의성이 성장할 수 있는 환경은 스스로 얼마든지 만들어낼 수 있다는 거고요. 물론 최고의 스승을 만나서 배울 수 있다면 그보다 더 큰 행운은 없습니다. 빠르게 제대로 아주 잘 배워서 거인의 어깨 위에 일찍 오를 수 있을 테니까요."

바스키아의 경우

"그렇다면 선생님, 장 미셸 바스키아(Jean-Michel Basquiat, 1960~1988)의 경우는 어떻게 설명할 수 있을까요? 그림을 제대로 공부한 과정도 거치지 않았는데 스무 살에 세계적인 화가가 되었잖아요."

"바스키아에 대한 연구는 아직 충분히 이루어지지 않았지만, 알려진 내용을 바탕으로 살펴보면 그가 천재적인 재능을 가졌던 것은 분명해 보입니다. 네 살 때부터 읽고 쓰기 시작했고 열한 살에는 프랑스어, 스페인어, 영어를 유창하게 구사할 정도였으며 대단한 독서가였다고 해요. 미국 뉴욕 출신인데 영어는 당연한 것 아니냐고 생각할 수 있겠군요. 그건 아버지가 아이티에서 태어나서 이민온 사람이고, 어머니는 푸에르토리코 출신 집안이라는 것을 알면 쉽게 이해할 수 있겠지요. 그래도 회계사였던 아버지의 수입은 웬만큼 풍족했던 모양입니다. 장 미셸을 명문 사립학교인 세인트 앤스 스쿨(Asint Ann's School)에 다니게 했으니까요.

어머니는 아들의 예술적 재능을 일찍부터 알아보았던 것 같습니다. 장 미셸을 브루클린 미술과 주니어 회원으로 등록시키고 자주 데리고 다녔다고 하니까요. 입학해서는 친구와 함께 글을 쓰고 그림을 그린 동화책도 만들었어요. 그런데 입학한 그 해에 교통사고를 당해서 팔과 갈비뼈가 부러져 몇 주 동안 병원에 입원해서 치료를 받게 됩니다. 훗날 마약에 중독된 것은 그때 사용할 수밖에 없었던 진통제가 시작이었을 겁니다.

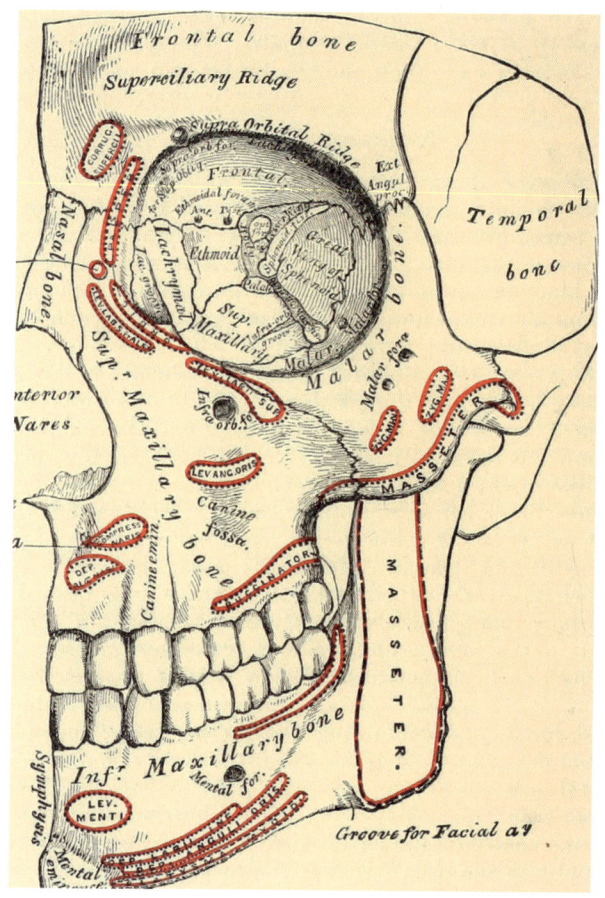

그림 14 | 바스키아가 탐독했던 『그레이 아나토미(Gray's Anatomy)』(1858)에 실려 있는 해부학 삽화. 이런 종류의 이미지가 대단히 많다. 바스키아의 작품에 큰 영향을 끼친 것이 분명해 보인다.

열여덟 살쯤에 그는 스타가 되겠다고 결심하고 스프레이를 휘두르며 미친 듯이 그래피티를 그리고 다녔어요. 자신의 창의성을 세상에 데뷔시키는 기찬 전략이었죠. 주로 갤러리가 운집해 있는 소호에서 그랬으니까요. 자기 생각과 그림을 새로운 컨셉에 담아 광고했다고 봐야 해요. 주로 백인들이 지배하고 있는 사회, 그리고 예술계에 대한 조소와 풍자를 담았는데 암호 같은 언어를 사용하기도 했습니다. 언어감각도 대단히 뛰어났던 거지요. 실제로 그의 작품을 보면 인류학, 철학, 정치사회학적인 통찰 없이 이해하기 어렵습니다. 그의 독서량을 짐작케 해주는 겁니다.,

1년 정도 지나자 지역방송에서 그에게 관심을 가지기 시작하고 인터뷰 요청을 받았어요, 그 자신만만한 그래피티는 오래지 않아 세계 미술계의 중심인 그곳 유명 갤러리 관장들의 관심을 받습니다. 스무 살 정도에는 유럽과 미국의 유명 아트 딜러들이 탐내는 화가가 됩니다. 스물두 살쯤부터는 유럽과 미국 최고의 아티스트로 유명세를 떨치기 시작했어요. 쇼맨십도 대단했던 것 같아요. 아르마니 정장을 입고 그림을 그렸는데 물감이 튀었어요. 그대로 대중들 앞에 서고는 했으니까요.

당대 최고의 아티스트인 앤디 워홀과 함께 작업하기도 했어요. 나이 차이는 많지만 앤디 워홀과 자주 격렬하게 다투기도 했던 것 같은데 앤디 워홀이 죽자 그 다음해에 바스키아도 죽어요. 서로에 대한 애정이 깊었던 모양입니다. 스물일곱이라는 너무 어린 나이였지만.

그의 작업은 본능적이고 폭력적인 힘이 넘쳤어요. 폭발하는 에너지 속에 숨겨진 지성도 느낄 수 있어요. 어떤가요? 바스키아의 성공은 본능과 직관, 자신의 천재성을 믿고 미친 듯이 저질러대는 모험의 결과라고 보아도 좋지 않겠어요?

그렇지만 잊지 말아야 하는 것은 어린 시절에 깊이 공부하고 나름대로 전통을 받아들인 다음 모험에 나선 것입니다. 그는 이렇게 말한 적이 있어요. '예술 작업은 연결, 사회적 결속, 공감의 방법이 된다. 나는 주위를 둘러보고, 스스로를 놓아주고, 본능을 따른다.' 이건 마치 이 책의 내용을 요약한 것 같습니다."

"음~ 바스키아 작품 가운데 가장 좋아하는 것 하나 소개하신다면요?"

"다 좋지만 딱 하나만 고르라고 한다면 1982년 작품 〈무제(Untitled)〉입니다. 해골을 그린 겁니다. 원시적이고 본능적인 힘이 강렬해요. 해골임에도 불구하고 굵은 검은 선을 사용한 것은 흑인임을 분명히 한 것이겠지요. 해골이 되어도 분노가 사그라들지 않는 얼굴입니다. 피억압자의 입장을 에두르지 않고 직접적으로 드러냅니다. 흑인들의 삶과 죽음, 존재의 불안을 느낄 수 있어요. 그의 삶과 마찬가지로 붓놀림도 거침없어요. 그럼에도 불구하고 다양한 해석이 가능한 작품입니다. 그래서 최고의 가격에 거래되는 것이겠지요. 좀 딴 소리 같지만 혹시 『슬픔이여 안녕』(1954)으로 유명한 프랑수아즈 사강(Françoise Sagan, 1935~2004) 알아요?"

"예, 그 소설 저도 좋아해서 몇 번이나 읽었습니다. 제가 말씀드

렸잖아요. 로맨스 소설에 환장하던 시절이 있었다고요."

"그 소설은 발표되자마자 엄청난 사회적 반향을 불러일으켰는데 그때 사강이 열여덟 살이었어요. 국제적인 베스트셀러가 되자 엄청난 돈을 벌었어요. 그렇게 번 돈으로 맨 먼저 산 것이 당시 최고급 스포츠카였어요. 오늘날로 치면 포르쉐 911 터보 S정도는 되는 재규어였어요. 이후에도 최고급 스포츠카를 사서 초고속 운전을 즐겼어요. 그러다가 스물두 살인 1957년에 거의 죽음에 이르는 교통사고를 일으켰어요. 두개골 골절에 내장까지 손상을 입었으니 오랫동안 병원 신세를 져야 했지요. 석 달 동안 모르핀 계열 진통제를 사용했고, 그게 마약 중독의 시작이었습니다. 그 이후 건강을 회복하고 써낸 첫 번째 작품이 『브람스를 좋아하세요?』(1959)였어요. 이 질문은 플러팅 같은 의미예요. 베스트셀러가 되었고 영화화되기까지 합니다. 이후에 승승장구했지요."

"선생님께선 지금 마약이 창의성 발휘에 효과가 있었다고 말씀하시는 건가요?"

"와~ 정말 예민하군요. 드러내지 않게 말했는데 콕 찍어내는군요."

"저도 그런 이야기를 많이 들어서 궁금했거든요. 예술가들이 마약 중독된 이야기가 많잖아요."

"분명히 알기는 어렵습니다. 그들이 마약을 하지 않았다고 해도 그런 뛰어난 작품을 만들 수 있었을까? 논리적으로 보면 그렇지 않다고 말할 수 있어요. 마약을 전혀 하지 않고 놀라운 걸작을 만들어낸 예술가들도 많으니까요. 그러나 바스키아든 사강이든 큰 사고를 당했고, 치유과정에서 마약을 사용하기 시작했잖아요. 이후 그들의 삶에 마약은 불가피한 것이었고요. 그런 상태에서 작품을 제작한 겁니다. 어찌 되었든, 마약이 작용하는 상태에서 작품을 제작한 것이긴 하잖아요. 그러니 아무것도 아니라고 단정하는 것도 논리적인 결론은 아니죠. 그리고 또 하나 더 분명한 사실은 그 마약이 그들을 지나치게 일찍 죽였다는 겁니다. 바스키아는 겨우 스물일곱 살에 요절했고 사강은 40대 초반부터 '예전의 천재 소설가'가 되었어요. 나는 그런 천재도 아니기 때문에 이런 사람들을 이해할 수 없을 겁니다. 게다가 나는 술도 그리 좋아하지 않습니다. 정신을 흐리게 만드는 게 싫어서요. 언제나 맑은 정신을 유지하려고 노력합니다."

11

낙서와 노이즈의 엄청난 위력

늑대가 들려주는 아기 돼지 삼형제 이야기

"선생님, 창의성을 키울 수 있는 실용적인 방법 같은 건 없을까요? 지나치게 실리적인 욕심 같습니다만, 대단히 창의적이었던 사람들에게서 그런 방법을 찾아낼 수 있지 않을까요?"

"그런 것들이 있긴 합니다. 그 방법을 따라 해보는 것도 중요하지만, 방법 그 자체보다는 왜 그런 방법이 도움이 되는가, 하는 취지를 이해할 필요가 있습니다. 내가 권하는 방법은 여러 가지가 있어요. 무엇보다 8장에서 설명한 '1만 시간의 법칙'에 담긴 진정한 의미를 새기고 가능하면 그런 기회를 만들어보길 권합니다."

"제가 용기를 내어 선생님께 질문하고 이렇게 말씀을 듣게 된 것을 대단한 행운으로 생각합니다. 그런데 지속적으로 이럴 수 있을 것 같지 않아 좀 걱정됩니다."

"인연이야 사람이 마음대로 하기 어려운 것이지요. 그렇지만 뜻이 있다면 길을 만들 수 있을 겁니다."

"길이 만들어지기를 바라겠습니다."

"아무튼, 그 다음으로 제가 권하는 방법 가운데 하나가, 영화나 소설을 볼 때 주연이 아니라 다른 등장인물의 입장에 서보라는 것이었어요. 이 방법은 효과 때문이 아니라 쉽게 해볼 수 있고 재미있어서 사람들이 좋아하는 것 같아요. (함께 웃음) 추리 스릴러 영화를 보면 쫓고 쫓기는 장면이 나옵니다. 쫓기는 사람은 잡히지 않으려고 재래시장처럼 사람이 붐비는 곳으로 들어가요. 그런데 앵글은 쫓고 쫓기는 사람에게만 초점을 맞추고 있어요. 시장에 있는 영세 상인들의 가게를 부수고 깨고, 정리해놓은 물건들을 다 엎어버리잖아요. 그런데도 그 난장판을 만든 폭력에 대해서는 아무 말이 없습니다. 나는 그런 영화를 보면 일단 삼류라고 생각합니다. 무엇인가 영웅적인 스토리를 위해 서민들의 삶이 희생되더라도 상관없다는 태도잖아요. 학생의 부모님이 운영하는 가게가 그 시장에 있었고, 그 추격전 때문에 기물이 다 부숴지고 물건이 엉망이 되었다고 생각해봐요. 얼마나 억울하고 분하겠어요. 그런 생각을 하는 순간 그 추격전을 보는 느낌은 달라집니다. 실제로 생각이 있는 감독들은 그런 장면을 신중하게 처리합니다. 예를 들어 술집에서 난투극이 벌어져서 기물이 파손되면 극중의 누군가가 그 비용을 지불하게 만드는 식이죠. 이런 생각을 확대해서 조연의 입장에서 이야기를 쓰면 어떤 이야기가 될 것인가도 생각해볼 필요가 있어요. 혹시 어릴 때 본 그림책 가운데 『늑대가 들려주는 아기돼지 삼형제 이야기』(존 셰스카)를 기억하나요?"

"아기돼지 삼형제 이야기를 늑대 입장에서 들려주는 이야기인가 보네요."

"그래요. 그 책을 보면 맨 앞에 이렇게 쓰어 있습니다. '아기돼지 삼형제 이야기는 누구나 알고 있지. 아니면 적어도 알고 있다고 생각할걸. 하지만 내가 너희들에게 비밀을 하나 알려줄게. 사실은 아직 아무도 진짜 이야기는 몰라. 왜냐하면 늑대 입장에서 하는 이야기는 아무도 들은 적이 없거든.' 의미심장하지 않아요? 늑대 입장에서 보면 아기돼지 입장에서 쓴 이야기는 순 거짓말이라는 거잖아요."

"감독이나 저자의 의도를 거슬러 보면 새로운 것, 다른 것, 거짓말까지도 볼 수 있다는 말씀이로군요."

"그렇죠. 어떤 작품이든 그건 이 세상의 아주 작은 조각이고, 그것도 그 조각에 대한 하나의 편견입니다. 그 편견을 극복하는 방법 가운데 하나가 그런 거죠."

"결국 당연해 보이는 것도 당연하게 받아들이지 말고 비판적으로 보라는 말씀이군요."

"맞아요. 비판적인 사고방식이 곧 창의적인 사고방식입니다. 사람들은 비판적이라고 하면 부정적으로 보는 경향이 있습니다. 그러나 잘 생각해보세요. 재미있고 그럴 듯해서 새길 만한 생각이나 작품은 모두 비판적인 겁니다. 비판이란 부정을 위한 것이 아니라 좀 더 잘 긍정하기 위한 겁니다. 좀 재미없는 어투를 빌려 말하자면 발전적인 긍정 방식이라고 할 수 있어요."

"발전적인 긍정 방식이라는 말은 퍼뜩 이해가 안 됩니다. 좀 더 자세히 설명해주시면요."

새벽에 글을 쓰면 좋은 이유

"그에 대한 대답은 '낙서하기'라는 방법에 대한 설명으로 갈음할 수 있겠군요. 낙서하기는 그 효과를 의심하는 사람들이 많아요. 그래서 잘 하지 않거나 시작해도 지속적으로 잘 하지 못하는 방법 가운데 하나입니다. 그러나 대단한 효과적인 방법이지요. 우선 새겨야 할 것은 글쓰기가 아니라 낙서하기라고 이름을 붙인 이유입니다. 글쓰기는 궁극적으로 소통을 위한 것입니다. 그러다 보니 습관이나 터부, 자기검열처럼 사회생활을 위한 적응에 길들여져 있어요. 새로운 것이나 잘 모르는 것, 파격적인 사고방식 등은 모두 두렵거나 피해야 할 어떤 것이 됩니다. 그래서는 안데르센 동화인 〈벌거벗은 임금님〉에 등장하는 어른들처럼 진실을 보지 못합니다. 또는 진실을 본 자신의 눈을 믿지 못하거나. '벌거벗은 임금'은 사회적으로 세뇌되지 않아서 자기검열이 적은 어린이에게는 너무나 잘 보이는 진실이 어른들에게는 보이지 않는다는 내용이잖아요. 낙서하기는 그런 외부의 억압으로부터 벗어나 떠오르는 대로 쓰는 겁니다.

피카소도 비슷한 말을 한 적이 있어요. '어른들처럼 그리는 것을 배우는 데는 4년이 걸렸고 어린아이처럼 그리는 것을 배우는 데는 평생이 걸렸다.' 미술 언어를 배운 다음 사회적인 세뇌와 자기검열을 거부하고 어린아이의 눈으로 본 진실을 표현하기 위해 애썼다는 말이죠. 실제로 피카소는 이런 평가를 받습니다. '그는 누구보다도 전통을 풍부하게 받아들였다. 그렇지만 서구의 부르주아 가치체계의 근본을 거부함으로써 일반인들의 취향을 모독한 혁명적 화가였다.' 피카소는 그러면서도 일찍부터 인정받았고 그래서 부자가 됩니다. 매우 아이러니하지요. 그런 피카소의 성공과 그 과정은 현대의 창의성 연구자 입장에서 보면 매우 교과서적입니다. 그대로 따라 하기는 어려울지 모르지만 그대로만 한다면 성공할 확률이 매우 높다는 이야기지요. 그는 애써 배우고 배운 다음에는 배운 것을 부정했어요. 그는 도자기, 석판화, 용접과 같은 기술들까지 모조리 즐겨 배웠지만 익숙해지면 곧바로 기존의 법칙을 뒤집고 무시하면서 새로운 방법을 찾으려 했다고 합니다. 낙서하기는 그것과 비슷한 거예요. 그동안 배우고 익힌 것, 신념들까지도 깡그리 무시하고 글을 써보라는 겁니다. 해도 되는 말과 하면 안 되는 말, 논리와 비논리를 따지지 말고 머리에서 떠오르는 대로, 말하자면 정말 내 생각대로 글을 써보라는 겁니다.

누구도 볼 수 없도록 비밀노트를 마련해서 날마다 두세 페이지 정도를 쓰는 겁니다. 이런 낙서를 가장 하기 좋은 시간은 대개 잠에서 깨어난 아침이에요. 처음에는 어색할 겁니다. 그러면 이렇게 시작해보세요. '이거 해보면 좋을 것 같아서 하려고 하는데 무슨 말부터 써야 할지 모르겠네.' 이런 식으로 상황에 따라 떠오른 대로 생각을 따라가보라는 겁니다. 그렇게 시작할 수만 있다면 오래지 않아 생각이 생각의 꼬리를 물고 생겨납니다.

그것도 잘 안 되면 눈 딱 감고 손에 잡히는 책 아무거나 꺼내서 아무 페이지나 펼치고 그걸 타자해보세요. 정확하게 같아야 하는 것은 아니니까 조금 읽고 기억나는 대로 쳐보세요. 그러다가 보면 '아무 생각'이든 떠오르기도 합니다. 그러면 그 생각을 따라가보세요. 그렇게 두세 페이지를 쓰는 겁니다. 더 많이 써도 좋고요. 처음에는 어색할지 모르지만 되풀이하다 보면 자기검열의 정도도 약해질 것이고 점점 더 아무거나 쓸 수 있게 될 겁니다. 그러면 그게 무척 재미있는 일이라는 것도 알게 됩니다."

"피카소의 경우에서 '발전적인 긍정'이란 무엇인지 좀 알 것 같아요. 그런데 아침에 낙서하기, 이건 또 하나의 숙제 같아서 부담스러워요. 매우 창의적인 사람들도 이 방법을 사용했나요?"

"그럼요. 많은 사람들이 자신의 창의성을 깨우는 방법 가운데 하나로 사용하고 있어요. 가장 유명한 사람으로는 뉴턴을 들 수 있겠네요. 우리는 그를 위대한 최초의 현대과학자로 추앙하고 있어요. 냉철하고 편견 없는 이성에 따라 논리적으로 사고하는 방법을 보여준 위대한 합리주의자라는 거죠. 그런데 뉴턴이 남긴 엄청난 양의 미공개 원고를 보면 그가 얼마나 비이성적이고 비논리적인 신비주의자였는지를 알 수 있어요. 사실 이 미공개 원고는 전기 작가들을 오랫동안 괴롭히던 문제였어요. 그 내용을 보면 뉴턴은 이성적이고 합리적인 과학자라고 볼 수가 없거든요. 그는 연금술에 파묻혀 신비한 철학자의 돌을 찾으려 했고, 미래를 예언할 수 있다는 생각에 성서 연대기를 연구했어요. 그리고 장미십자회, 점성학, 수비학에 깊이 빠져 있었어요. 심지어는 솔로몬의 성전 설계도를 구하면 우주의 신비를 밝힐 수 있으리라고 믿었던 것 같습니다.

더 놀라운 점은 이겁니다. 그렇게 남겨진 미공개 원고를 분석해 보니 그가 그런 신비주의에 빠져 있었기 때문에 그처럼 위대한 과학적 발견이 가능했다는 겁니다. 그러니까 뉴턴은 평생 낙서하기를 즐기다가 그 낙서들 가운데 기가 찬 몇 가지 생각을 잘 정리해서 사람들에게 알린 것이 그를 최고의 과학자로 만들었고 그 '과학'이 인류의 삶을 바꾼 것이라고 볼 수 있다는 거지요. 이 문제에 대해서 니체도 그런 말을 한 적이 있어요. '비밀스럽고 금지된 힘을 갈구하고 열망했던 마법사와 연금술사, 점성가와 요술쟁이들이 없었다면, 과연 과학이 생겨나서 위대해졌을 것이라고 믿는가?' 재미있지 않아요?"

"정말 놀라운 이야기로군요. 그러니까 중력 작용이라는 것이 마법 같은 의미가 있는데, 마법사에 대한 믿음 없이 그런 사고 실험이 가능했겠느냐는 뜻이잖아요. 이 이야기는 선생님의 책인 『책의 정신: 세상을 바꾼 책에 대한 소문과 진실』에서 읽긴 했습니다만, 이렇게 다른 맥락에서 새겨보니 또 새롭군요."

"맞습니다. 현대식으로 말을 바꾸면 노이즈에서 보석 같은 창의성이 자란다고 볼 수 있죠."

"그런데 선생님께서도 아침에 일어나서 '낙서'를 하시나요?"

"아니에요. 그러지 않습니다. 나는 시도 때도 없이 하지요. 언제나 책과 노트북을 가지고 다닙니다. 둘 중 하나라도 없으면 무척 불안합니다. 거의 금단증상이 생길 정돕니다. 뒤에서 다시 설명하겠지만 독서는 창의성을 위해 꼭 필요합니다. 어떻게 하느냐 하는 문제만 남아 있죠. 그리고 언제 어디서든 낙서할 준비가 되어 있어야 해요. 무엇이든 생각나는 게 있으면 곧바로 낙서해두어야 하니까요."

"그건 창작 메모 같은 것이 아닌가요?"

"그렇게 부를 수도 있을 겁니다. 그렇지만 그렇게 쓴 것은 두 번 다시 참고한 적이 없어요. 생각하기 위해서 쓰는 겁니다. 쓰기 전에는 무슨 생각을 했는지 잘 모르거든요. 그러니 쓰여진 글을 다시 챙겨보는 경우는 아주 드뭅니다. 다시 보면 무슨 의도로 썼는지 모를 때도 많습니다. 논리적으로 자세하게 쓰지 않거든요. 그러니까 저절로 버려지는 글이죠. 낙서가 맞지 않겠어요?"

"그렇군요. 그렇다면 선생님께서도 그 노이즈의 양이 뉴턴의 경우와 비슷한가요?"

"글쎄요, 그 양을 비교할 수 있을지는 모르겠지만 내가 더 많이 한다고 봐야 하지 않을까요? 뉴턴이 살던 시대에는 오늘날처럼 글쓰기 편리한 노트북 같은 건 없었으니까요. 요즘 내 생활은 강의와 글쓰기가 중심에 있어요. 강의가 잡히면 일단 그 주제와 관련된 참고도서와 비디오 목록을 찾습니다. 그런데 말이 '관련'이지 보기에 따라서는 전혀 상관없어 보이는 자료까지 뒤집니다. 가능하면 주제의 주변을 둘러싸고 있는 시시콜콜한 것들까지 다 챙겨보는 편이지요. 다른 사람들에게는 상관없어 보일지 모르지만 나에게는 상관이 있거든요. 뉴턴의 과학이 연금술과 같은 신비주의를 거쳐야 했던 것과 마찬가지입니다.

내가 얼마나 광범위하게 자료를 뒤지는지는 『법의관이 도끼에 맞아 죽을 뻔했디』(2011)를 보면 압니다. 이 책을 쓰기 위해 내가 본 자료는 참고도서가 124권, 비디오는 874편이나 됩니다. 그 가운데 《CSI 라스베가스》(2001~2010)가 있어요. 그걸 시즌1부터 시즌11까지, 편수로 치면 250편쯤 되는데 그걸 다 봤어요. 생각하기에 따라서는 지나치죠. 하루 세 시간 정도를 넉 달 정도 보았으니까요. 그렇다고 그 내용이 본문에서 많이 언급되는 것도 아닙니다. 겨우 여섯 번, 그것도 잠깐씩이에요. 참고도서도 마찬가지입니다. 직접적인 관련이 없어 보이는 것들도 많아요. 『이상문학상 작품집』(12회, 1988)이나 『풍속의 역사』(에두아르트 푹스, 2001) 같은 책이 좀 그렇죠. 그런 것들도 노이즈이고 '낙서하기'와 비슷한 의미가 있습니다.

그런 노이즈 덕분에 이 책에 대한 평가가 좋았을 겁니다. 대부분의 신문에서 크게 중요하게 다루었어요. 당시 변호사였던 금태섭은 이 책 리뷰에서 전문가 수준에 달한 저자의 질문 덕분에 내용이 만족스럽다고 했어요. 사실 전문가 수준에 도달하려면 핵심만큼이나 노이즈도 중요합니다. 이 경우에도 자료를 보는 도중이나 본격적으로 원고를 쓰기 전에 한참 동안 낙서를 했어요. 아마 그 낙서 분량이 원고 분량의 서너 배는 될 겁니다. 다른 책을 쓸 때도 다 비슷한 과정을 거칩니다."

"그러니까 그 자료를 보는 동안 끝없이 낙서를 하셨다는 거군요."

"그렇습니다. 강의 준비를 할 때도 마찬가지입니다. 강의하기 이틀 전까지는 관련 자료만 봅니다. 편안하고 즐겁게 온갖 자료를 뒤지면 재미있게 지냅니다. 직접적인 관련이 없는 것이라고 해도 궁금한 것이 생기면 다 찾아봅니다. 그러다가 강의 하루 전에는 자료를 다 덮어버리고 낙서를 시작합니다. 머릿속에 있는 온갖 생각을 다 끄집어내는 거죠. 강의 전날의 낙서는 강의 줄거리를 쓰는 것으로 마무리합니다. 그렇지만 강단에 올라갈 때는 짜놓은 강의 줄거리를 잊어버립니다. 강의를 듣는 사람들과 눈을 맞추면서 몇 마디 대화를 해보면 그들이 듣고 싶은 내용이 무엇인지, 잘 소통하기 위한 어법과 사례가 어떤 것인지 느낄 수 있어요. 강의 내용은 그 느낌에 따라 적절하게 변형됩니다. 준비한 것과 아주 다른 이야기를 할 때도 있어요."

"선생님 말씀은 재즈 음악에 대한 이야기 같아요. 언젠가 재즈 바에서 연주를 들은 적이 있어요. 그때 감동스러웠던 것은 제가 들어본 적도 없는 음악이었지만 그 즉흥적인 리듬과 곡조가 미치게 만들더라고요. 그때 그런 생각이 들었어요. 도대체 평소에 얼마나 연습을 하면 저런 즉흥연주가 가능할까? 그러니까 지금 제가 느끼기에는 낙서하기가 감동적인 즉흥연주를 가능케 하는 연습이 아닌가 싶다는 겁니다."

"그런 점이 있지요. 조금 곁으로 새는 이야기지만 음악에 대해서도 잠깐 이야기하고 넘어가자면, 오늘날 악보를 보면서 연주하는 클래식 음악, 바흐나 모차르트, 베토벤… 그들 역시 그 당시에는 즉흥연주자로 이름을 날렸던 음악가들입니다. 말하자면 재즈연주자였던 셈이죠. 이 대가들의 즉흥연주를 듣고 감동했던 청중들은 그 음악을 '녹음'해두고 싶어했어요. 그러나 아직 녹음기가 발명되기 전이잖아요. 그래서 악보가 씌어진 겁니다. 그들의 악보는 오늘날의 녹음 같은 것이었어요. 베토벤의 경우를 보면 오랜 기간 동안 구상한 다음 악보를 썼어요. 그런 다음 수정하고, 정리하고 다시 쓰는 힘든 작업을 했어요. 그래서 베토벤이 남긴 악보는 알아보기 어려울 정도로 복잡하다고 해요. 그 덕분에 베토벤의 걸작이 만들어지는 과정을 좀 더 잘 추적할 수 있었죠. 수많은 노이즈를 거쳐 보석 같은 음악이 만들어졌던 겁니다."

독서라는 이름의 보물상자

"노이즈나 낙서에 대한 개념은 충분히 이해됩니다. 저도 시도해보겠습니다. 그런데 선생님께서도 독서는 꼭 해야 하는 것이라고 '좀 억압적으로' 말씀하시는군요."

"아, 내가 그렇게 말했나요?"

"선생님은 언제나 책과 노트북을 가지고 다닌다고 말씀하시면서 그러셨어요."

"창의성을 위해서는 독서가 매우 중요하다고 말하려다 보니 그랬나 봅니다. 독서는 창의성의 보물상자 같은 것이니까요. 독서를 하는 동안 머릿속에서 일어나는 일이 무엇인지만 알면 금방 공감할 겁니다. 어떤 책을 재미있게 읽었다면 자기가 의식하든 의식하지 않든 대략 일곱 가지 두뇌 작용이 일어납니다.

먼저 연결과 공감에서 시작합니다. 책을 재미있게 읽으면 내가 가진 지식과 책의 내용이 어떻게 연결되어 있는지를 찾아내고 그것을 바탕으로 공감하게 됩니다. 그러면서 추론을 해요. 내가 가진 지식과 텍스트가 제공하는 생각의 실마리를 종합해서 저자의 의도를 짐작합니다. 그러면서 자동으로 앞으로 나올 내용에 대해 예측하게 됩니다. 책이 재미있었다면 그건 추론과 예측이 상당히 잘 맞아떨어졌기 때문입니다. 그 과정에서 상상력이 발휘됩니다. 사실 책을 읽는 동안 얻게 되는 가장 중요한 힘은 여기에서 비롯됩니다. 사람들은 책을 읽으면서 텍스트를 이미지로 바꾸어냅니다. 지금 읽고 있는 텍스트를 시나리오 삼아 자신의 영화를 만드는 거지요. 그러는 과정에서 이해하기 어렵거나 비논리적인 부분에서 질문이 떠오릅니다. 책에서 그 답을 구하지 못하면 다른 자료에서라도 답을 찾아보려고 하지요. 사실 좋은 책은 어떤 주제에 대한 명확한 답이 아니라 좋은 질문이라고 말할 수 있어요. 저자가 어떤 식으로 표현하든 그것은 저자의 생각입니다. 그 생각에 대해 독자인 당신은 어떻게 생각하느냐는 질문인 거죠. 그러는 과정에서 세상을 좀 더 잘 해석하기 위해 필요한 지식도 풍부해집니다. 말하자면 연결, 공감, 추론, 예측, 상상력, 질문, 지식의 놀이가 독서라는 겁니다. 이 일곱 개의 키워드를 잘 들여다보세요. 여기에 '낙서하기'만 덧붙이면 창의성을 키우는 데 필요한 모든 것이 포함됩니다. 그러니 창의성에서 독서를 말하지 않을 수 없는 겁니다."

"저도 가끔 즐거운 독서를 할 때가 있긴 합니다. 그렇지만 즐거움에 더해서 이렇게 멋진 효과가 있다는 건 생각해보지 못했어요. 그런데 지금 선생님 말씀은 그냥 독서가 아니라 즐거운 독서라야 이런 효과를 기대할 수 있다는 건가요?"

"그렇습니다. 괴로운 독서는 앞에서 든 두뇌작용의 대부분이 제대로 작동하지 않을 뿐 아니라 하더라도 그 효과는 미미할 겁니다."

"그렇다면 선생님, 지금 우리에게 필요한 것은 독서 그 자체라기보다는 '즐거운 독서'라고 봐야 할 것 같은데요?"

"내가 제안하는 방식대로 한다면 누구나 즐거운 독서를 하게 될 겁니다. 사실 독서는 무슨 책을 읽느냐는 것보다 어떻게 읽느냐는 것이 더 중요합니다.

이런 말은 많이 들어봤겠죠? 한 권의 책을 제대로 다 읽었다고 말할 수 있는 시점은 책의 마지막 장을 넘길 때가 아니라 독후감을 끝낼 때라는 이야기 말입니다. 그런데 그 독후감 때문에 책을 읽는 것도 싫어질 만큼 부담을 느끼게 만드는 상황이 자주 만들어지는 것 같아요. 안타까운 일이죠. 사실 독후감이 부담스럽다는 것은 말도 안 됩니다. 즐겁거나 슬플 때, 또는 싫을 때 그것을 표현하는 것은 너무나 자연스러운 일이니까요. 독후감이 부담스러운 이유는 감동이 없는 책을 억지로 읽으라고 하고, 거기에 덧붙여 억지로 감동하고 칭찬하는 독후감을 쓰라고 하기 때문입니다.

예를 들어 매우 아름다운 경치를 혼자 보게 되었다고 해봅시다. 그 경치를 음미하며 감탄한 다음에 무얼 합니까? 요즘은 대개 스마트폰을 꺼내 사진을 찍고, 그것을 누구에겐가 보여주면서 자기의 느낌을 말하잖아요(요즘은 페이스북에 올리거나 카톡이나 트위터, 인스타 같은 데 올리고 공유하는 일이 많으니 말하는 게 아니라 글로 쓰는 거죠). 그런 것이 바로 독후감입니다. 저절로 넘쳐 나온 감동을 자기검열 없이 표현한 것이 독후감이라야 해요. 그런데 아무리 아름다운 곳이라고 해도 억지로 끌려간 곳이라면 감동은 줄어들 수밖에 없고, 그 아름다움이 눈에 들어오지 않거나, 심한 경우에는 다시는 가보고 싶지 않은 곳이 될 수도 있지 않겠어요?

책도 마찬가지입니다. 자신의 선택이 아니라 주어진 것일 때 그것을 좋아하기는 쉽지 않아요. 더욱이 자발적으로 그 텍스트에 빠져들어야 즐거움을 느낄 수 있으니까요. 그래서 권장도서목록과 같은 것은 독서를 괴로운 경험으로 만들 가능성이 큽니다. 아무리 좋은 경치라고 해도 끌려가서 감동하기는 어렵듯이 아무리 좋은 책이라고 해도 억지로 읽고 감동하기는 어려울 테니까요.

책을 읽고 느낀 감동을 표현한 글을 썼다면 주변 사람들과 공유하고 싶을 겁니다. 아주 맛있는 음식을 먹을 때와 마찬가지입니다. 혼자 먹을 때보다 좋아하는 사람들과 함께 먹을 때 더 맛있어요. 왜 그렇습니까? 맛있다는 느낌을 서로 공감하기 때문입니다. 책을 읽은 감동 역시 마찬가지입니다. 누군가와 공유할 때 그 감동은 두 배, 세 배로 커집니다. 친한 친구를 불러내어 커피 한 잔을 마시면서 그 감동을 전해도 좋고, 페이스북이나 트위터, 또는 인스타에 올려서 친구들의 반응을 보는 것도 좋을 겁니다.

사실 앞으로 계속될 독서의 즐거움을 위해서, 그리고 좀 더 깊은 통찰력과 균형 감각을 가지기 위해서 이 단계가 가장 중요합니다. 내 독후감을 들은(혹은 읽은) 친구가 공감해준다면 안심도 되고 위로도 될 겁니다. 그런데 나와 다른 의견을 가진 친구도 있을 겁니다. 이때 그 다른 의견을 이해하려고 애쓸 필요가 있습니다. 가능하면 다른 의견의 이유를 분명히 알아보는 것이 좋습니다. 그래서 내가 설득이 된다면 그 다른 의견은 나를 변화시키는 힘이 될 겁니다. 그때 내가 가진 편견에서 벗어날 가능성이 시작됩니다.

이런 말이 있죠. '책을 읽지 않는 사람보다 한 권의 책만 읽는 사람이 더 위험하다.' 한 권의 책만 읽는다면 지독한 편견을 가진 근본주의자가 될 확률이 높다는 이야기입니다. 그런데 그런 사람이 생각보다 많습니다. 책을 꽤 즐긴다는 사람들도 자기가 읽은 도서목록을 만들어보면 압니다. 이런 토론과정을 거치지 않은 사람들은 대개 자기가 좋아하는 종류의 책만 읽습니다. 그러나 이런 토론과정을 거치면 독서목록에 변화가 생깁니다. 특히나 내가 좋아해서 닮고 싶은 형이나 누나 또는 존경하는 선생님과 독후감을 두고 토론할 수 있다면 그 과정에서 내 생각이나 취향도 변할 뿐 아니라 스스로 선택하는 책도 달라질 겁니다."

"선생님 말씀을 정리해보면 이런 것 같군요. 독서의 시작은 무슨 책이든 내가 재미있는 것이 좋다. 그게 지금의 나에게 최선이기 때문이다. 그렇지만 거기서 끝내면 안 된다. 독후감을 쓰고 그 독후감을 토론의 대상으로 삼아라. 그 토론을 통해 독서의 방향은 저절로 조절될 것이다. 그것이 가장 자연스럽고 좋은 방법이다."

"맞습니다. 그리고 그 과정을 즐길 수 있으면 더욱더 좋을 겁니다."

"그런 사례를 하나 들어주실 수 있으신지요?"

"이건 소설의 경우입니다. 나는 현대 한국에서 칭찬할 만한 작가 가운데 한 사람으로 김애란을 꼽습니다. 단편집도 좋고 장편인『두근두근 내 인생』(2017)이나『이중 하나는 거짓말』(2024)도 아주 좋습니다. 젊은 작가의 작품인데 통찰력이 놀라울 정도로 뛰어납니다. 그래서 강의할 때 사람들에게 자주 권하는 작가 가운데 한 사람입니다. 그런데 어느 날 한 제자가 말했어요. 내가 하도 칭찬해서 김애란의 작품을 읽어보았다는 겁니다. 재미있더냐고 물었어요. 재미는 없었지만 끝까지 읽었다고 해요. 재미없었다면 굳이 읽을 필요는 없는데 왜 그랬느냐고 다시 물었어요. 그랬더니 이렇게 대답하는 겁니다. '저는 선생님께 생각하는 방법을 배우고 싶어서 이 수업을 듣습니다. 그러니 선생님께서 칭찬하는 작가 작품을 어떻게 읽어보지 않을 수 있겠습니까.' 이야기를 하다 보니 퍼뜩 짚이는 데가 있었어요.

　김애란의 소설 스타일과 아주 다른 유명한 소설가가 있죠. 정유정입니다. 정유정의 소설은 하드보일드한 스토리 중심이에요. 그래서 물었어요. 혹시 정유정을 좋아하느냐고요. 그렇다고 해요. 정유정 작품은 모조리 다 읽었답니다. 그날 그 학생과 한참 그 작품들에 대해서 토론을 했어요. 그 뒤에 그 학생은 김애란의 작품은 모두 다 구해서 읽었다고 하더군요. 전과 달리 재미도 느낄 수 있었다고 하고요. 이 제자의 경우 자신의 취향대로라면 절대로 김애란을 읽지 않았을 겁니다. 당사자도 그렇다고 하더군요. 그런데 토론과정을 거치면서 자신의 독서목록에 변화가 시작된 거예요."

　"선생님의 독후감에 영향을 받아서 읽었고, 읽고 나서 선생님과 토론하고, 그 토론을 통해 깨달은 내용이 그 학생의 독서목록에 변화를 준 것이로군요."

　"그렇죠. 이런 식으로 즐거운 독서를 시작하면 앞에서 설명했던 창의성의 씨앗이 뿌려지고 자라기 시작할 겁니다. 자기가 몰랐던 세상에 발을 내디디는 것이나 다를 바 없으니까요."

　"그런데 선생님, 2024년에 노벨문학상을 받은 한강 작품 말입니다. 이해하기가 좀 어렵습니다. 결국 무슨 말을 하려는 건지 알기도 어렵고, 왜 그런 식으로 스토리가 진행되는지도 잘 모르겠어요. 게다가 문장 하나하나가 시적이라 그런지 아주 더디게 읽게 되더라고요. 어떤 문장은 무슨 뜻인지도 모르겠고요. 한국인 입장에서 한국어로 쓰여진 작품이 세계적인 공감을 얻었으니 잘 읽어두고 싶은데 어렵군요. 왜 그런 걸까요?"

12

걸작은 어떻게 탄생하는가?

"걸작은 당대 주류 이론으로 잘 해석되는 작품이라는 말이 있습니다. 노벨문학상을 수상하는 작가도 그런 작품을 쓴 겁니다. 후보로 추천되려면 그 작가에게 공감하는 지식인이 많아야 하지 않겠어요? 마지막 단계도 마찬가지입니다. 스웨덴 아카데미 회원의 최종 투표에서 과반수를 획득해야 하니까요."

"창의성이 사회적인 것이라는 점에서 매우 공감되는 말이군요"

"핵심을 잘 짚는군요. (웃음) 그런데 전 세계가 이제 지구촌이라는 말이 실감날 만큼 가까워지고 그만큼 비슷한 라이프스타일을 보여줍니다. 그러니 이 세계의 지식인 집단은 다르면서도 비슷합니다. 그들에게 상식이 된 주류 이론이 있고, 그런 이론은 이론에 머물지 않습니다. 현실이 되는 거지요. 예를 들면 고대 중국의 경우 『주역』은 미래를 예측하려는 지식인들의 경전이었습니다. 『주역』은 어떻게 미래를 예측할 수 있었을까요? 모두 함께 같은 꿈을 꾸었기 때문입니다. 당대의 지식인들 모두가 『주역』을 학습했고 그에 맞추어 행동했습니다. 그들은 여론 주도자였고 최고 권력자들의 정책을 결정하는 참모들이었습니다. 거꾸로였던 거지요. 『주역』이 미래를 예측했던 것이 아니라 지식인들이 『주역』의 이론대로 행동했기 때문에 이론이 현실이 되었던 겁니다."

"와, 여기에도 반전이 있군요. 현대의 주류 이론에도 그런 정도의 지위를 가진 것이 있다는 말씀이시군요."

"그런 이론이 적지 않습니다. 그런 것 가운데 하나가 정신분석학입니다. 그 출발점은 그 유명한 지그문트 프로이트인데요, 그는 『정신분석 입문』(1917)에서 이렇게 말했습니다. '인간사회를 이끌어가는 궁극적인 동기는 경제이다.'"

"마치 카를 마르크스나 애덤 스미스의 저서에서나 발견될 법한 문장이군요. 정신분석학 입문서에 씌어 있다니 놀랍습니다. 왜 저런 말을 했을까 궁금하군요."

"사실 프로이트 이론의 디테일은 거의 대부분 폐기되었지만 핵심은 지금도 유효합니다. 그것은 자크 라캉과 줄리아 크리스테바, 그뿐만 아니라 서구의 거의 모든 현대철학자들의 사고에 깊이 스며 있습니다. 그들의 이론을 이해하려면 프로이트의 이 문장에서 출발해야 합니다. 인간은 살아남기 위해 시스템 내부에서 어떤 역할을 맡아 다른 사람들과 협력하며 노동해야 합니다. 그러기 위해서는 자신의 욕망을 억누르고 전통과 질서의 규범에 따라야 합니다.

질서는 그 안에서만 자유를 보장한다는 점에서 감옥이기도 한 겁니다. 문학작품에서 새와 새장이 등장할 때 그 의미는 대개 이런 '시스템의 질서'에 대한 야유가 담긴 은유입니다. 영화에서는 등장인물이 절벽에서 뛰어내리는 장면으로 끝맺는 경우도 있지요. 〈델마와 루이스(Thelma & Louise)〉(1991)가 그랬습니다. 그들은 절벽 위에서 날아오르듯 타고 있던 차의 액셀러레이터를 밟습니다. 새가 새장의 문을 박차고 날아가듯 질서의 '자유로운 속박'에서 벗어나려는 결단을 보여주는 겁니다. 델마와 루이스는 가부장의 폭압에 억눌려 살던 여성들이었고, 그 마지막 장면은 가부장 체제에 대한 거부로 해석할 수 있지요. 거기서 장면을 끝내는 이유는 그 장면이 거부를 은유하는 기호이기 때문입니다. 한강의 『채식주의자』(2007)의 영혜가 '나무 불꽃'에서 모든 음식을 거부하고 죽음에 이르는 것도 비슷한 의미로 해석할 수 있습니다. 『작별하지 않는다』(2022)의 줄거리를 끌고 가는 주요 모티브가 새장에 있는 앵무새의 돌봄과 죽음이라는 것도 비슷한 의미를 내포하고 있는 겁니다."

"선생님 말씀을 듣고 보니 소설의 스토리나 장면들에 대해 이해할 수 있을 것 같습니다!"

"정신분석학에 따르면 억압된 인간의 본심은 사라지는 것이 아니라 무의식으로 여겨지는 영역을 채워나간다고 합니다. 그러다가 가끔 의식의 영역으로 뚫고 분출된다는 거죠. 아무 이유도 없이 화가 나고 짜증이 나는 기분 변화는 거기에서 유래하는 '불안' 때문이라는 겁니다. 그래서 인간은 모두 시스템의 억압으로 인한 신경증을 가지고 있다는 거고요. 한강의 초기 작품은 거의 대부분이 이런 정신분석학 이론으로 아주 잘 해석됩니다. 그 절정이 장편소설 『채식주의자』입니다."

"아, 선생님께서는 『채식주의자』, 『몽고 반점』, 『나무 불꽃』이라는 세 편을 연작소설로 보는 것이 아니라 전체를 한 편의 장편소설로 보시는군요."

"저는 그 연작소설이 발표되는 순서대로 읽었지만 나중에 한 권으로 묶인 것을 보고는 이건 장편소설로 읽어야 한다고 판단했습니다. 나중에 알게 되었지만 한강도 작가의 말에서 그렇다고 했지요."

"저도 한강 작가를 더 잘 이해하고 싶어서 첫 번째 소설집인 『여수의 사랑』(1994)을 읽었습니다. 저에게는 그 작품도 어렵던데 그 역시 정신분석학 이론으로 잘 해석된다는 거군요."

"제가 한강 작가 작품세계를 해설할 때 꼭 언급하는 작품입니다. 그 작품의 주인공 정선은 노이로제가 심해지면 나타난다는 강박증을 가진 사람입니다. 정선은 지독한 결벽증을 가지고 있는데 그 때문에 생긴 위장 장애까지 견뎌야 합니다. 결벽증은 강박증의 한 종류인데 정선의 강박적 사고와 행동, 그리고 그 때문에 생기는 스트레스로 인한 위산과다로 위염이나 역류성식도염으로 발전하는 것이 일반적입니다. 소설에서 묘사되는 정선의 삶은 이런 결벽증의 전형적인 모습을 보여줍니다."

"그런데 재미있는 것은 그와 완전히 반대되는 모습을 보이는 자혼이라는 인물이 등장하잖아요. 난데없이 등장해서 난데없이 사라지는데 그 의미는 어떻게 해석해야 할까요?"

"여기에서는 자크 라캉(Jacques Lacan, 1901~1981)의 거울 단계 이론을 참조할 수 있습니다. 그 이론의 핵심은 인간이 사회질서에 들어서기 위해 언어를 습득하기 전에는 주로 상상으로 채워지는 '거울 단계'에 있다는 겁니다. 상상과 거울은 아주 깊은 관계가 있습니다. 인간처럼 집단생활을 하는 동물은 '거울' 속의 내 모습을 알아봅니다. 그래야 집단에서 자기와 타자를 구별해야 한다는 개념이 생길 테니까요. 그러나 인간은 거기에서 머물지 않습니다. 상상의 시발점은 거울의 모습이 나와 비슷하지만 다릅니다. 가장 큰 차이는 좌우를 바꿔버립니다. 이런 현상은 동전의 양면 같은 의미가 있지요. 거기에 비친 것은 실체이면서 실체가 아닌 겁니다. 여기에 행동유전학을 조금 참조하면 아주 재미있는 추론이 가능합니다. 생물학적으로는 정확하게 같은 일란성쌍둥이가 함께 자라면 성격이 반대인 경우가 많고 따로 자라면 성격이 같은 경우가 많습니다. 샴쌍둥이는 다른 경우가 많지요. 그렇지만 그 둘은 동전의 양면이나 거울 이미지처럼 좌우가 바뀐 한 쌍으로 보입니다."

"아, 자흔이 좌우가 바뀐 정선의 이미지로군요. 그렇게 읽으면 해석이 가능할 것 같습니다."

"소설을 잘 읽어보면 그런 해석이 잘 맞아떨어진다는 것을 확인할 수 있을 겁니다. 결벽증을 가진 정선이 완전히 반대인 자흔과 함께 살게 된다는 설정 자체가 그럴듯하지 않죠. 그럼에도 불구하고 같은 방에서 살다가 어느 날 지독한 결벽증이 격렬한 발작을 일으키자 자흔이 사라져버립니다. 그런데 희한하게도 정선의 결벽증도 함께 '적어도 나흘 동안은' 강박증도 사라집니다."

"선생님 해석을 듣자니 소름이 살짝 돋는군요."

"오늘 제 이야기는 '어려운 작품'으로 여겨진다 해도 현대의 인문학적 소양이 풍부하면 쉽게 읽을 수 있다는 점을 예로 들어 설명하는 것이 목적이니까 이런 정도에서 접겠습니다."

"한 가지만 확인하고 싶어요. 앞에서 줄리아 크리스테바를 언급하셨는데, 그의 이론은 어느 작품에 적용되는 겁니까?"

"그런『희랍어 시간』(2011)에 아주 잘 적용됩니다. 오늘 이 내용과 함께 그 작품에 대한 해설은 글항아리에서 출간된『우리 사이에 칼이 있었네 : 세계를 균열하는 26권의 책』(2025)에 자세히 써두었으니 그 책을 읽어보시기 바랍니다."

4부

인생질문 세 가지와
그 답을 찾아서

13

왜 다시 인문학일까?

"그런데 선생님, 정신분석학만 공부할 수는 없잖아요. 인문학 공부를 제대로 하려면 어떤 방법이 있을까요?"

"대개의 경우 인문학을 문학과 역사, 철학을 포함하는 학문으로 이해합니다. 하지만 인문학이 '인간을 이해하는 학문'이라고 본다면 그 범위는 훨씬 더 넓어집니다. 인간이 살아가는 환경을 연구하는 물리학, 생물학, 화학 같은 자연과학 역시 인간 존재의 조건을 이해하는 데 필수적이기 때문입니다. 예를 들어, 생물학은 인간의 본성을 탐구하고, 물리학은 우리가 살아가는 세계를 구성하고 있는 물질의 법칙을 설명하며, 화학은 생명현상의 기초를 제공합니다. 그러니 자연과학은 인간을 이해하는 데 필수적인 요소입니다. 인문학의 확장된 개념 안에서 고려되어야 하는 것이지요."

"예… 그렇지만 여전히 구체적이지는 않아요. 선생님께서는 인문학 공부를 위한 특별한 강독 모임을 이끌고 있다고 들었습니다. 그 강독 모임에서 공부하는 과목을 설명해주시면 그 기반시설로서의 인문학이 어떤 것인지 분명해질 것 같군요."

인문학, 인생질문 세 가지와 그 대답

"인간이 살아가면서 던지는 인생질문 세 가지가 있습니다. 인문학은 그에 대해 답하는 내용입니다. 첫 번째 질문은 어린 시절에 시작됩니다. '나는 어떤 환경에 던져졌는가?' 어린아이가 말을 배우면 주변의 사물에 대해 끊임없이 질문하잖아요. 자신이 던져진 세상의 환경에 대해 알아야 적응할 수 있기 때문입니다. 이 질문에 대한 답은 사회과학과 자연과학을 통해 구할 수 있겠지요. 인간은 사회적인 동물이면서 자연의 일부이니까요.

세월이 흐르면 아이는 자신이 타인과 다르다고 느끼는 때가 옵니다. 나는 왜 형제들과 다를까? 나는 왜 부모님(어른들)과 다를까? 정체성에 대한 고민입니다. '나는 어떤 존재인가?' 이 질문은 '너는 어떤 존재인가"에 자극받아 생긴 것입니다. 그러니 또래집단에서 '우리는 누구인가?'라는 질문은 '저들은 누구인가?' 때문에 생기는 겁니다. 이런 과정을 확장해보면, 결국 '인간은 어떤 존재인가?'에 이를 겁니다. 이 두 번째 질문에 대한 답은 주로 문학과 철학에서 얻을 수 있습니다. 심리학과 생물학도 당연히 참조해야 하고요.

더 나이가 들면 또다시 새로울 뿐 아니라 중요한 질문을 하게 됩니다. 내가 알고 있는 것 모두가 옳지는 않다는 것을 깨닫기 때문입니다. 비슷한 환경에서 살아온 사람이라 해도 자신과 완전히 다른 생각을 가지고 있다는 것을 알고 절망할 때도 있지요. 도대체 왜 같은 것을 그렇게나 다르게 받아들이는 것일까? 거기에서 그치지 않습니다. 같은 한국어를 사용하는 데도 소통이 잘 안 됩니다. 남자와 여자는 외국어가 아니라 외계어 수준으로 다른 언어를 쓴다는 것도 잘 알려져 있지요. 현대인들은 말하기보다 쓰기와 읽기를 통해서 더 많이 소통합니다. 그러면서 난감한 상태를 자주 경험하지요. 말로 생각한 것이 그대로 글로 옮겨지지 않고, 씌어진 글도 의도한 대로 전달되지 않을 때가 많기 때문입니다. 입장과 맥락에 따라 다르게 씌어질 뿐 아니라 다르게 읽히기도 합니다. 그래서 세 번째 질문은 이렇습니다. '도대체 우리는 이 세상을 어떻게 인식하고 표현하는가?' 이 질문에 대한 답은 주로 언어학에서 얻을 수 있습니다. 여기까지는 주로 이성이 하는 질문입니다. 그래서 공부하면 정답에 상당히 잘 다가갈 수 있습니다. 그러나 감정과 직관의 영역도 아예 무시할 수는 없습니다. 그 가운데 미술은 현대인들에게 매우 중요합니다."

"인문학이 이런 인생질문에 대한 답이라면 선택과목이 아니라 필수과목이군요."

"그렇겠지요? 내가 이끌고 있는 강독모임의 목표는 인문학 공부의 완성이 아니라(물론 그런 것은 없습니다) 인문학 공부를 혼자 계속

할 수 있는 힘을 가지게 하는 것입니다. 그러기 위해서 알아야 할 내용들입니다. 대략 여섯 가지 정도예요.

맨 먼저 우리가 사용하는 언어에 대해 이해할 필요가 있습니다. 소통의 도구인 말과 글에 대해서 잘 알아야 더 잘 소통할 수 있을 테니까요. 그래서 『구술문화와 문자문화』(1984/1995)에 대해서 공부합니다. 우리는 말로 생각하고 글을 통해 그 생각을 확인합니다. 그러니 가장 중요한 부분은 구술문화와 문자문화에 대한 이해라고 말할 수 있지요. 월터 옹이 쓴 『구술문화와 문자문화』를 자세하게 강독합니다. 아주 뛰어난 저작물이지만 쓰어진 지가 꽤 오래되었기 때문에 그 이후에 새로이 연구된 내용들과 변화한 사회 환경을 감안해서 비판적으로 잘 읽어야 해요. 저에게는 이 책이 인생 책입니다. 말 그대로 수십 번은 읽었습니다. 그만큼 중요하고 쉽지 않다는 뜻이겠지요.

두 번째는 문학에 대한 기본적인 이해가 필요합니다. 이 경우는 적당한 텍스트를 구할 수 없어서 제가 썼습니다. 『문학의 죽음에 대한 소문과 진실』(2022)의 텍스트를 강독합니다. 언어학적인 의미에서 보자면 문학 언어는 '아이러니'를 특성으로 합니다. 아이러니는 표면과 이면의 관계를 드러내는 표현방식입니다. 그러니 아이러니를 이해하지 못하면 의사소통이 어렵습니다. 문학적인 언어 사용법을 익히는 것이 현실을 제대로 해석하고 창의성을 발현하는 데 대단히 중요한 이유입니다.

그런 다음에는 『업그레이드 서양미술사』(2025)를 공부합니다. 현대인들은 이미지에 둘러싸여 살아가고 있어요. 비디오 역시 '움직이는 그림'입니다. 우리 삶의 상당히 많은 부분이 이미지를 통해 소통되고 있는 거죠. 그러니 이미지를 좀 더 잘 해석하고 비판적으로 받아들이기 위해서는 그림을 읽어내는 힘을 길러야 합니다. 그런데 미술의 언어는 외국어 같은 겁니다. 외국어 공부를 잘 하고 싶다면 그 외국어를 사용하는 집단에서 함께 생활하는 게 좋습니다. 수많은 이미지와 그 의미 속에서 오랜 시간 들여다보아야 하는 거죠. 그러려면 이미지의 표현방법이 어떻게 변해왔는지를 보여주는 미술의 역사를 공부하는 것이 좋습니다. 이 역시 적당한 텍스트가 없어서 제가 썼습니다. 미술사 강의를 20년 정도 하면서 강의한 내용을 정리한 것입니다.

이쯤에서 우리는 문제 해결에 사용되는 구체적인 절차이자 방법인 알고리즘과 문제를 바라보는 관점인 패러다임의 차이를 이해할 필요가 있습니다. 패러다임이 변하면 알고리즘도 변합니다. 당연하겠지요? 관점이 달라지면 방법도 변할 테니까요. 여기에서 꼭 짚어야 할 중요한 문제는 인간은 모두가 자신의 사고방식이 자연스럽고 당연한 것이라고 여긴다는 겁니다. 그래서 그것 역시 하나의 패러다임이라는 것을 잘 인식하지 못합니다. 변화과정은 혁명적일 수밖에 없는 겁니다. 세상의 변화를 위해 철학했던 마르크스와 전통철학을 깨부수는 망치였던 니체의 사상이 혁명적이었던 이유입니다. 그들에게서 현대철학이 시작됩니다. 저는 고대철학부터 공부할 필요는 없다고 봅니다. 가끔 참조하는 것으로 충분합니다. 오늘날 우리의 라이프스타일은 19세기 초반에 본격적으로 구성되기 시작했기 때문입니다. 이런 철학의 흐름을 공부함으로써 우리는 다음과 같은 근본적인 질문에 대한 근사한 답에 접근할 수 있습니다. 인간이란 어떤 존재인가? 인생의 의미는 무엇인가? 그래서 어떻게 살아야 하는가?

마지막으로 '현대과학의 핵심 이론'을 다룹니다. 물리학과 생물학은 인간의 물질적 조건을 연구하는 분야입니다. 그래서 우리가 할 수 있는 것이 무엇인지, 어떻게 할 수 있는지를 알게 됩니다. 그런데 두 가지 이유 때문에 현대과학은 조금 어렵습니다. 자연현상을 '과학적으로' 규명해보면 우리의 감각적 해석과 다른 경우가 대부분입니다. 보이는 것과 다르고 느끼는 것과 다릅니다. 인간의 오감은 살아남기 위해 경제적으로 진화된 감각일 뿐, 진실 그 자체를 인식하기 위한 도구가 아니기 때문입니다. 또 한편으로는 인간의 오감으로 인식할 수 없는 크기의 문제가 있습니다. 물리학과 생물학의 진실은 우리가 볼 수도, 느낄 수도 없는 스케일인 극미한 양자의 세계와 극대한 우주공간이 그 기원이기 때문입니다. 그래서 과학을 공부하고 나면 세상을 바라보는 '새로운 눈'을 하나 더 가지게 됩니다.

현대철학과 현대과학 역시 마땅한 한 권의 텍스트를 찾을 수 없어서 제가 썼습니다. 현대과학은 『현대과학의 핵심』(2025, 궁리, 가제)라는 제목입니다. 현대철학은 아직 책으로 출간되지는 않았고요."

"언어학과 문학의 역사, 미술사, 철학, 과학에 이르기까지. 이 모두 선생님의 강독을 통해 공부한다는 말씀이로군요. 인문학은 혼자서 공부하기가 매우 어렵다는 뜻으로 이해해야 하는 건가요?"

"그렇습니다. 인문학에서는 '만들어진 개념어'를 사용합니다. 그 개념어들은 소설이나 에세이를 읽을 때 사용되는 생활언어와 아주 다르지요. 그래서 마치 외국어 공부를 하듯이 단어의 개념을 새로이 익혀야 합니다. 그런데 그게 쉽지 않아요. 그래서 강독을 통해 배우는 것이 좋다는 겁니다. 그러나 그런 기회가 없다면 좋은 책과 유튜브 강의를 통해 인문학의 세계로 조금씩 나아갈 수 있습니다. 잘 골라서 읽고 보면 도움이 되겠지요. 시간은 많이 필요하겠지만 좋은 결과를 얻을 수 있을 겁니다. 내가 법의학에 대해 독학으로 상당한 수준의 지식을 가질 수 있었던 것도 많은 책과 비디오 자료였습니다. 『법의관이 도끼에 맞아 죽을 뻔했다』(2011)를 보면 맨 뒤에 그 책을 쓰기 위해 제가 섭렵한 책과 비디오 목록이 있습니다. 법의학에 대해 독학하고 싶다면 그 목록도 조금은 도움이 되겠지요. 중요한 것은 강독에 참가하든 독학을 하든 개념어를 명확하게 이해한 다음 그것들을 사고방식 안에서 체화시켜야 합니다. 그러기 위해서는 글을 쓰는 것이 최선이고요. 말이나 생각은 휘발성이 강합니다. 시간과 함께 사라지는 거지요. 그러나 글을 쓰면 쓰는 만큼 남습니다."

창의성과 인문학의 관계

"지금까지 인문학이 무엇인지, 그게 왜 어려운지, 어떻게 공부해야 하는지에 대해서 설명해주셨어요. 그런데 인문학이 창의성과 어떤 관련을 맺고 있는 것입니까?"

"대답하기 무척 어려운 질문이군요. 그것도 앞에서 설명했습니다만 이해가 쉽지 않나봅니다. 이번에는 예를 들어서 설명해보지요. 광고업계에서 있었던 일입니다. 애완견 사료업체인 랄스톤 퓨리나(Ralston Purina)라는 회사가 1990년대 중반에 곤경에 빠졌습니다. 주력상품의 판매량이 점점 줄어들었어요. 가장 큰 이유는 시장 환경의 변화에 있었습니다. 고급 브랜드가 속속 등장하면서 유통경로가 다양해졌어요. 그러면서 소비자의 선택 폭이 넓어진 겁니다. 게다가 미국 사료관리협회(AAFCO)에서 애완견을 위한 필수 영양소를 규정해놓았기 때문에 제품의 장점을 통해 차별화하기도 어려웠어요. 그러니 제품의 광고마저 모두 비슷할 수밖에 없었습니다. 예를 들면 대부분이 이런 식이었죠. 골든 리트리버가 아름다운 털을 휘날리며 귀여운 강아지들과 재미있게 뛰어노는 즐거운 모습을 보입니다. 그때 수의사가 등장해서 영양 상태를 점검하고 일어설 때 제품 이름을 광고하는 겁니다. 시장 환경이 변하고 새로운 브랜드가 등장하면서 소비자의 선택 폭이 넓어졌으니 판매량이 줄어드는 것은 당연해 보였습니다. 그렇지만 광고회사의 기획자는 방법을 찾아야 했어요. 어떻게 광고하면 다시 판매량을 회복할 수 있을 것인가?

그래서 전화 조사를 그만두고 소비자들을 직접 만나러 다녔습니다. 무엇을 물어보아야 답을 얻을 수 있는지도 알 수 없었거든요. 주변의 일이라면 관련이 없어 보이는 것까지 모조리 조사했습니다. 그러다가 매우 중요한 한 가지 생물학적인 사실을 발견합니다.

전문 사육사나 사냥꾼, 조련사들은 수의사가 권해준 한 가지 제품만 꾸준히 먹인다는 것을 알고 그 이유를 조사해본 겁니다. 세 가지 이유가 있었습니다. 첫 번째 이유는 개의 소화 시스템은 변화에 민감하기 때문입니다. 개의 소화기관은 사람보다 덜 다양하고, 특정 음식에 적응하면 그 음식을 소화하는 데 최적화됩니다. 사료를 자주 바꾸면, 장내 미생물군이 달라지면서 소화불량이나 설사를 유발할 수 있습니다. 두 번째 이유는 음식 변화가 알레르기나 과민반응을 유발할 수 있기 때문입니다. 개는 새로운 단백질이나 성분에 노출되면 알레르기 반응을 일으킬 가능성이 높습니다. 특히 곡물, 닭고기, 쇠고기 같은 특정 성분에 민감한 개들이 많아서, 한 가지 잘 맞는 사료를 유지하는 것이 안전합니다. 세 번째 이유는 개는 음식의 다양성을 필요로 하지 않습니다. 사람은 다양한 음식을 섭취하면서 영양 균형을 맞추는 반면, 개는 단순한 식단에도 충분히 적응할 수 있습니다. 야생에서 개의 조상인 늑대도 특정한 먹이원이 안정적으로 공급되면 계속 같은 것을 먹으며 살아왔다는 것도 잘 알려져 있습니다. 이런 이유로 다양한 사료를 먹이는 것이 오히려 좋지 않은데도 불구하고 개를 가족처럼 대하는 사람들은 마치 사람에게 식사를 제공할 때처럼 다양한 제품을 사 먹이고 있었습니다. 이런 사실을 확인하고 나니 광고 메시지의 방향이 분명해진 겁니다.

한 가지 사료만 먹인다면 어느 회사 제품을 먹일 것인가? 그래서 퓨리나의 주력상품에 대한 고객의 신뢰도를 조사해보았습니다. 신뢰도가 충분히 높다는 것을 확인한 다음 개에게는 한 가지 사료를 꾸준히 먹이는 것이 좋다는 메시지를 담은 단순한 광고를 만들었습니다. 광고는 대단히 성공적이었습니다. 광고가 나간 뒤 떨어졌던 매출은 두 자리 수 상승세로 돌아섰습니다.

이 광고 이야기에서 가장 중요한 부분은 '올바른 질문'은 무엇인가를 알기 위한 노력이라고 볼 수 있습니다. 올바른 질문을 해야 올바른 답을 얻을 수 있고, 그 답은 무엇을 해야 할지를 알려줍니다. 올바른 질문을 하게 만드는 것이 인문학입니다. 기술은 목적을 이루는 데 필요하고 인문학은 무엇을 목적으로 할 것인가를 알려줍니다."

"선생님 말씀에 따르면 제가 작가라면 무엇을 쓰는 것이 가치가 있는지, 화가라면 무엇을 그리는 것이 가치 있는지를 알게 해주는 것이 인문학적인 소양이라고 생각하면 될 것 같습니다. 그리고 그 가치를 발견할 수 있는 곳은 현재 제 인식 수준에서 멀리 떨어져 있다는 생각이 듭니다. 그러니까 거인의 어깨 위로 오르는 길에 들어서야 하는 거고요."

"맞습니다. 인문학적인 소양이란 꼭지를 틀면 창의성을 쏟아낼 수 있게 해주는 생각의 바탕입니다. 무엇을 어떻게 표현해야 할 것인가를 생각할 때 필요한 창의성이 올바른 해결책의 원천입니다."

"그런데 선생님, 이제는 인공지능(AI)의 존재와 발달이 인간의 이런 재능과 창의성과 어떤 관계를 맺게 될지 알아야 하지 않을까 싶어요."

"AI시대의 변화를 아직은 충분히 짐작하기는 어렵습니다. 그러나 AI의 패러다임과 알고리즘을 이해하면 어느 정도는 예측할 수 있을 겁니다. 먼 미래는 몰라도 가까운 미래에 대해서는. 이제 우리의 라이프스타일을 뒤바꿀 것으로 보이는 AI에 대해 알아봅시다."

14

AI가 닿을 수 없는 인간의 창의력

아기 예수 엉덩이를 때리는 마리아

"막스 에른스트(Max Ernst, 1891~1976)의 놀라운 작품, 〈성모 마리아가 세 명의 목격자 앞에서 아기 예수 엉덩이를 때리다(The Virgin Spanking the Christ Child before Three Witnesses)〉(1926)라는 작품을 본 적이 있나요?"

"제목부터 도발적이군요. 잠깐만요. 인터넷에서 확인해보겠습니다.… 와, 놀랍군요. 세 사람이 보는 앞에서 젊고 힘세어 보이는 키 큰 여자가 발가벗긴 금발 아기를 눕혀놓고 엉덩이를 아주 세게 때리는 모습이… 새롭고 충격적이군요."

"그렇죠, 결과적으로는 '새롭고 충격적'이죠. 그러나 이 작품에서 사용된 색깔, 표현, 구도, 인물 구성은 '조금도' 새롭지 않습니다.

그림 15 | 에티엔 모리스 팔코네, 〈큐피드 엉덩이를 때리는 비너스〉, 대리석, 높이 37.5cm, c. 1760~1800, 런던 월레이스 콜렉션

진부함에서 태어난 혁명적인 작품의 전형적인 예입니다. 하나씩 볼까요?

먼저 기본 설정인 아기를 무릎에 올려놓고 엉덩이를 때리는 장면을 요즘은 보기 드물지만 20세기 중반까지만 해도 일상이었을 겁니다. 화가인 막스 에른스트만 해도 아버지가 장애인을 가르치는 가톨릭학교의 엄격한 교사였고 어머니도 엄했다고 합니다. 부모는 막스를 '아기 예수'처럼 여긴다고 하면서도 체벌을 서슴지 않았던 모양입니다.

미술사에서 보면 비너스가 아들인 큐피드 엉덩이를 매질하는 그림이나 조각이 꽤 많이 남아 있습니다. 바로크와 로코코 시대에 인기있는 주제였지요. 엄마가 아기 볼기짝을 때리는 모습은 '진부한 모습'이었던 겁니다. 18세기 로코코 시대의 조각을 하나 볼까요? 그 당시 유명했던 에티엔 모리스 팔코네(Étienne Maurice Falconet, 1716~1791)의 작품으로 추정되는 대리석 조각인데요, 〈큐피드 엉덩이를 때리는 비너스(Venus Chastising Cupid, c.

그림 16 | 라파엘, 〈초원의 성모〉, 1506년경, 캔버스에 유화, 113×88.5cm, 비엔나 미술사박물관

1760~1800))입니다. 높이 들어올린 손에 힘이 들어가 있죠. 큐피드 엉덩이가 꽤 아플 것 같습니다. 그런 구도가 작품의 긴장감을 만들어냅니다. 막스 에른스트의 작품은 이보다 훨씬 더 강하죠. 마리아의 손목이 뒤로 꺾일 정도니까요. 보기만 해도 엉덩이가 아픕니다.

자, 이번에는 그림 속의 인물들 정체를 어떻게 드러냈는지 보죠. 작품 속의 젊은 여성이 마리아임을 분명히 하려면 '전통적인 신분의 표식'을 사용해야 합니다. 그 전통적인 정체성 표식이 세 가지입니다. 가장 눈에 잘 띄는 것은 옷의 색깔입니다. 르네상스 이래 마리아의 옷 색깔은 빨강과 파랑을 주로 썼습니다. 당시에는 빨강도 대단히 비싼 물감이었지만 파란색을 위한 울트라마린은 금보다 비쌌습니다. 아주 잘 알려진 라파엘의 마리아와 아기 예수가 그렇습니다. 〈초원의 성모(Madonna of the Meadow, 1506)〉에서 사용된 옷의 색깔 그대로입니다. 두 번째 표식은 파르미자니노(Parmigianino, 1503~1540)의 〈목이 긴 마돈나(The Madonna with the Long Neck, 1535~1540)〉의 몸매입니다. 마지막이 후광입니다. 격렬한 몸짓에도 불구하고 마리아의 머리 위 후광은 그대로지만 아기 예수의 후광은 땅에 떨어져 있습니다. 그 후광 안에 화가가 자신의 이름을 써넣었습니다. 대단히 강렬한 메시지지요.

  마리아와 예수가 있는 공간의 형태도 이 작품의 해석방향을 보여주는 상징성을 가지고 있습니다. 무엇보다도 그럴 듯한 공간이 아닙니다. 주위를 둘러싸고 있는 벽이 연결된 공간으로 보이지 않습니다. 왼쪽 벽에 뚫린 네모 칸 바깥에는 세 사람이 보이는데 벽에 걸린 그림처럼 작습니다. 이 세 사람은 당시 새로이 시작된 예술사조인 '초현실주의' 주동자들입니다. 이들은 이전의 같은 주제 작품들에 등장하는 동방박사 세 사람을 대신합니다. 그들은 마리아와 아기 예수가 있는 공간 안으로 들어가 예수의 탄생을 축원하며 권위를 인정하고 찬양하는 모습입니다. 그러나 그들을 대신하는 당대의 세 지식인은 아기의 엉덩이를 세차게 때리는 마리아의 행동에 찬성한다는 듯 거리를 두고 바깥에 서 있습니다. 초현실주의 선언문을 쓰고 주도했던 앙드레 브르통은 눈을 살짝 내리깔고 방안을 보고 있고, 폴 엘리아르는 딴청을 부립니다. 가운데 서 있는 화가는 빛나는 눈으로 방안을 거쳐 관람자를 보고 있습니다. 이 놀라운 장면을 어떻게 생각하느냐고 묻는 것처럼.

이 작품은 화가의 개인적인 서사를 보여준 것이기도 하지만 당대의 첨단을 걷는 지식인이었던 앙드레 브르통과 폴 엘리아르의 표정을 통해 종교를 비판하는 메시지를 담고 있다고 보는 것이 더 합당할 겁니다."

"그러니까 전통적인 패턴을 사용해서 종교에 대해 강렬한 비판을 담아낸 혁명적인 작품이군요. 늘 그렇지만 선생님의 디테일한 해석은 재미있으면서 많은 것을 생각하게 만듭니다. 들으면서 앞에서 말씀하셨던 '인문학적인 지식'의 쓸모에 대해 다시 한 번 더 깨닫게 됩니다. 그렇지만 선생님, AI시대에 대해 설명하겠다고 하셨잖아요. 그런데 먼저 20세기 초반의 회화작품에 대해 자세히 설명하시는 이유는 무엇인지요?"

AI도 아기 예수의 엉덩이를 때릴 수 있을까?

"AI도 막스 에른스트처럼 파격적인 창의성을 발휘하여 혁명적인 작품을 내놓을 수 있을까요?"

"워낙 인간처럼 만들어진 것이니 가능할 것 같습니다."

"그렇지 않다는군요. 챗GPT 같은 범용 AI모델들과 막스 에른스트의 작품에 대해서 한참 대화한 뒤에 물어보았습니다. 대답은 대동소이했어요. 미래에도 AI가 이처럼 혁명적인 작품은 제작하지 않으리라는 겁니다. 가장 큰 이유는 AI에게는 그런 모험을 감행할 동기가 없기 때문이라는군요.

AI는 사회적으로 합의된 데이터를 학습하고 그 데이터 안에서 결과물을 만들어내는 기계입니다. 게다가 '예술이라고 하더라도' 사회적 금기를 벗어난 작업은 거부하도록 설정되어 있습니다. 그런데 막스 에른스트의 이 작품은 그 금기를 깨뜨린 도발이었잖아요. 그런 에너지는 개인적인 서사를 바탕으로 한 무의식에서 분출되는 겁니다. 그건 복잡한 감정적 층위에서 솟아나는 것이고. AI에게는 없는 것이지요. 제가 몇 종류의 이미지 생성 AI에게도 이미지에 대해 자세히 설명하고 그려보라고 요구했지만 모두 거부했습니다."

"결국 범용 AI모델이 아기 볼기짝을 때리는 이미지는 '폭력적'이기 때문에 만들지 않는군요. 그렇다면 AI가 할 수 없는 일이 아니라 하지 않는 일이라는 뜻이잖아요."

"그렇죠. 누군가가 그런 설정을 해제한 AI모델을 가지고 있다면 가능할 겁니다. AI가 스스로 하지는 않겠지만 인간의 지시에 따라 제작할 수는 있겠지요. 그런 의미에서 AI는 개념미술의 도구로 사용될 겁니다.

개념미술에서는, 시각적으로 구현된 물질성은 순전한 기술의 결과물로 봅니다. 그것을 예술로 만드는 것은 예술가의 철학적

그림 17 | 마르셀 뒤샹, 〈샘〉, 1917. 알프레드 스티글리츠 촬영.

개념이라는 거지요. 그런 현대미술은 1917년 마르셀 뒤샹(Marcel Duchamp, 1887~1968)의 〈샘(Fountain)〉에서 시작되었어요. 그냥 소변기를 하나 사서 뒤엎어놓고 조각작품이라고 주장한 거지요.

현대미술로 인정받았으니 혁명적인 관점이 되어 승승장구했습니다. 20세기 미술에 가장 영향력 강한 작품으로 꼽힙니다. 그러니 예술가가 AI를 도구로 사용해서 제작한 이미지가 무슨 문제가 되겠어요? 중요한 것은 예술가의 철학적 개념과 대중의 공감이죠."

"그렇지만 AI가 할 수 있는 일이 이전의 데이터에서 패턴을 찾아서 거기에 담긴 의미를 구현해내는 '기계'라면 아무래도 새로운 표현은 대단히 어려운 일이 되지 않을까요?"

"그런 질문들을 많이 받습니다. 그래서 제가 막스 에른스트의 작품에 대해 자세히 설명한 겁니다. 인간의 창의성도 이미 존재하는 패턴의 의미를 재구성하여 새로운 메시지를 만드는 것이니까요."

"그렇게 보면 AI는 현대의 발전된 기술이 제공하는 정교한 도구, 이상도 이하도 아니군요."

"맞습니다. 미술사를 들여다보면 기술의 발전이 예술의 내용과 형식을 변화시켰다는 것을 알게 됩니다. 어떤 사회든 과학기술의 발달이 라이프스타일을 변화시키고 그와 함께 예술의 형식과 내용도 변해왔습니다.

예를 들면 르네상스 이후에 카메라 옵스큐라를 사용하면서 이미지의 섬세한 정도가 엄청나게 달라집니다. 맨눈으로 볼 수 없던 것을 보게 되었으니까요. 그 섬세함도 유화물감이 아니었으면 표현할 수 없었을 겁니다. 17세기에는 왜곡이 적은 거울이 제작되면서 자화상이 폭발적으로 늘어납니다. 19세기에는 카메라가 발명되면서 회화 스타일을 완전히 바꿔버렸지요. 고성능카메라의 일반적인 사용과 화학기술의 발달은 하이퍼리얼리즘을 가능케 했습니다.

AI도 그런 도구 발전의 연장선상에 있는 겁니다. 적어도 지금의 상태는 그렇습니다. 미래의 AI가 얼마나 엄청나게 달라질지는 가늠이 안 됩니다. 그러나 그게 얼마나 발전하든 도구일 것이고, 도구여야 하고 창조성은 인간의 몫으로 남겨질 것입니다.

일상생활에서는 혁명적인 변화를 가져오는 도구이겠지만 창의적인 일을 하는 사람들에게는 표준의 수준을 높이는 역할을 하는 게 전부일 겁니다."

"표준의 수준이 높아진다는 것은 구체적으로 어떻게 된다는 말씀이신지요?"

"영화나 드라마를 떠올려보세요. 충분한 자본으로 만들어진 비디오라면 더없이 폭력적이고 음란한 장면뿐만 아니라 우리가 본 적도 없는 공룡이나 좀비, 우주공간까지도 생생하게 구현해낸 지 오래되었습니다. 컴퓨팅 기술의 발달로 인해 표현의 한계는 이미 사라진 것으로 보일 정도입니다. 그 기능의 일부가 표준화되어 누구나 사용할 수 있는 이미지 생성 전문 AI모델이 등장했다고 볼 수 있지요.

여기에서 크게 달라진 점은 이미지를 생성할 때 인간의 자연언어를 사용한다는 겁니다. 그렇지만 자연언어로 이미지를 묘사하는 것은 매우 어려운 일입니다. 어떤 텍스트의 삽화를 제작하기 위해 삽

화가와 협업해본 경험이 있으면 잘 알겠지만 아무리 자세히 설명해도 의도했던 이미지를 얻는 것은 쉽지 않습니다.

사람끼리도 말로는 원하는 이미지가 어떤 것인지 설명이 잘 안 되는데 AI하고야 말할 것도 없지요. 그래서 삽화가들이나 디자이너들은 이미지 샘플을 달라고 요구합니다. 실제로 이미지 생성을 전문으로 하는 AI모델을 사용해보면 매우 구체적인 샘플을 통해 이미지 생성하라는 알림말을 볼 수 있을 겁니다. 그러니 이렇게 시작해보는 것이 가장 효율적일 겁니다. 먼저 자신이 원하는 이미지를 찾습니다. 그 이미지를 AI에게 보여주고 프롬프트를 만들라고 합니다. AI가 만든 프롬프트를 좀 더 자세히 다듬은 뒤 전문적인 기능으로 특화된 이미지 생성 AI 프로그램에게 이미지를 만들어보라고 하면 됩니다. 짧은 동영상(shorts)도 이렇게 만들 수 있습니다.

그래서 AI를 사용할 때는 지시의 기술이 결과물을 좌우한다고 해도 과언이 아닙니다. '프롬프트 엔지니어링'이 조금은 필요한 이유인 거지요(이건 뒤에서 따로 다루겠습니다). 요즘은 AI모델이 생성한 이미지와 그 이미지를 생성하는 데 쓰인 프롬프트(구체적인 지시 내용)를 함께 올려둔 사이트도 많습니다. 그런 라이브러리를 통해 프롬프트와 결과물을 비교하면서 경험해보면 평균적인 수준의 능력은 금방 가질 수 있을 겁니다.

그러나 같은 프롬프트를 쓴다고 같은 이미지가 생성되는 것은 아닙니다. 가장 큰 이유는 자연언어로는 아무리 자세히 쓴다 해도 이미지의 모든 것을 지시할 수는 없기 때문입니다. 이런 점은 시간이 지나도 그리 크게 달라지지 않을 겁니다. 다만 라이브러리가 많이 축적되고 오랫동안 소통한 AI라면 점점 더 좋은 결과물을 내놓을 가능성이 큽니다. 그건 AI가 가진 인컨텍스트 러닝(in-context learning)이라는 기능 덕분입니다."

"서로에게 익숙해지면 더 잘 소통된다니 마치 사람과 사람 관계 같군요."

"인컨텍스트 러닝이라는 개념이 그런 겁니다. 언어의 의미가 애매하기 때문에 처음부터 소통이 잘 되는 경우는 거의 없습니다. 그건 사람과 사람 사이에도 마찬가지잖아요. 대화가 되풀이되면 상대가 원하는 것이 무엇인지, 어떤 성향인지, 무엇에 관심이 많은지, 어느 정도의 지식 수준인지 알게 되면서 소통이 잘 되기 시작합니다.

AI도 축적된 대화를 바탕으로 상대방의 정체를 파악하고, 그에 적절한 대답을 합니다. 그래서 같은 AI를 사용해도 사용자에 따라 아주 다른 결과물을 얻는 겁니다."

"그런 과정을 겪으면 결과물은 점점 더 좋아질 수밖에 없겠군요. 그러니 표준의 수준이 높아질 것이고."

"그렇죠. 여러 가지 어려움에도 불구하고 AI라는 도구를 잘만 사용하면 누구나 표현하고 싶은 이미지를 만들 가능성이 높아진 겁니다. 그런 점에서 상당히 고무적이지요. 결과적으로 자본의 차별이 조금은 완화될 테니까요. 운이 좋다면 아주 놀라운 작품을 만들어 낼 수 있을 겁니다. 가끔 뉴스에서 다뤄지기도 했잖아요. 그러나 거기까지입니다. 그렇다고 사용자, 그러니까 인간의 전문성과 창의성

없이 해결되는 건 아니죠. 그런 극단적인 예가 영화일 텐데요, 15년 전쯤에 스마트폰으로 영화를 찍는다는 이야기가 나왔던 것 기억나죠? 그 역시 이제 누구나 영화를 찍을 수 있게 되었다는 것이었어요."

AI가 아무리 좋은 도구라 해도

"아, 그랬죠. 박찬욱 감독도 스마트폰으로 영화를 찍었고 잠깐 유행처럼 번진 적이 있죠. 그런데 요즘은 조금 조용한 것 같던데요?"

"혹시 박찬욱 감독의 〈파란만장〉을 본 적이 있나요? 유튜브에서 트레일러라도 잠깐 볼까요?"

(찾아서 함께 본다.)

"어때요? 스마트폰과 약간의 장비를 마련한다고 해서 저런 정도의 퀄리티를 낼 수 있겠어요?"

"저건 장비의 문제가 아닌 것 같은데요? 장면의 속도나 앵글, 효과음, 그리고 연기자, 스토리텔링 등등이 모두 프로페셔널하잖아요."

"그걸 보여주고 싶었던 겁니다. 장비 문제가 아니라는 겁니다. 기이하고 재미있는 장면을 쇼츠로 만들어서 사람들과 공유하는 것은 크게 어려운 일이 아니겠지만, 철학적 의도를 담은 창의적인 작품을 만드는 것은 장비 문제가 아닙니다. 말을 바꾸면 이런 거죠. 어떤 비디오 장면이 좋은지 알아야 좋은 비디오를 만들 수 있을 것이고, 이미지를 생성해주는 기가 찬 AI가 있다고 해도 어떤 이미지가 좋은지 알아야 잘 만들 것 아닙니까? 어떤 글이 좋은 글인지 알아야 AI의 도움을 받아 놀라운 작품을 만들 수 있을 것이고."

"그렇죠. 저도 사실 비디오를 찍어볼까 생각은 했습니다. 그런데 혼자서 좋은 비디오를 제작하기는 어렵겠다는 생각이 들었어요. 스토리텔링에서부터 미장센까지 프로페셔널 흉내라도 내려면 기획에서부터 구성과 연출까지 하나하나가 전문적인 것이라 엄두가 나지 않더라고요. 어느 정도라도 투입할 자본이 있으면 모르겠지만. 그러나 그것도 회수되지 않을 가능성이 높다고 생각하니 모험이라는 생각이 들었고요."

"잘 이해했습니다. 영화는 기본적으로 그 제작과 관련된 네트워킹이 매우 중요한 문화자산입니다. 혼자 만들 수 있는 것이 아니기 때문이죠. 그 부분을 제외해도 다른 미디어에 비하면 제작비가 많이 듭니다. 박찬욱의 첫 스마트폰 영화 〈파란만장〉은 KT로부터 1억 5천만 원을 지원받은 것으로 알려져 있습니다. 거기에 박찬욱 감독이 가지고 있던 문화자본도 투입된 겁니다. 보통사람들에게는 만만치 않은 거죠."

"그러니까 선생님 말씀은 도구가 아무리 좋아도 그것만으로 할 수 있는 일에는 한계가 분명하다는 것이군요. 사용자의 창의성과 문화자본이 충분히 투입되어야 하고, 그래도 그것이 창의적인 작품으로 평가받을지 모르는 모험이라는 점은 변하지 않는 거고요."

그림 18 | 앙리 마티스, 〈모자를 쓴 여인〉, 80.65cm × 59.69cm, 캔버스에 유화, 샌프란시스코 현대미술관

"그렇죠. 그러니 스마트폰으로 영화를 만들 수 있다고 해서 영화가 아닌 것이 아닌 겁니다. 궁극적으로는 경쟁상대가 엄청난 자본이 투입되고 최고의 전문가들이 협업해서 만들어진 영화잖아요. 누구나 영화를 만든다면 웬만큼 잘 만든 영화라 해도 보는 사람의 숫자는 아주 적을 겁니다. 그러니 진입장벽이 높을 수밖에 없는 거죠. 그러니 AI라는 기가 찬 도구를 사용할 수 있는 미래라고 해도 매우 창의적인 비디오 제작은 종합적이고 전문적인 식견을 갖추고 문화자본을 가진 사람이 할 수 있는 일인 겁니다."

"그런데 이건 창의성과 깊은 관계가 있는 것 같진 않은데 궁금한 게 하나 있습니다. 최근에 검색하다가 놀란 것은 대부분의 유명한 국제영화제의 수상작들에 대한 상금은 아예 없거나 '너무' 적다는 것이었어요. 기본적으로 제작비가 매우 높은 '영화'인데 너무하더라고요. 그래서 유명한 문학상의 상금과 비교해보았는데, 문학상 상금이 더 큰 것 같았어요. 텍스트 제작비는 아주 적잖아요. 왜 이런 역설적인 일이 일어나는 걸까요?"

"제가 보기에 그 이유는 비교적 간단합니다. 영화계는 엄청난 부자지만 출판계는 거기에 비할 수 없을 정도로 가난합니다. 영화제에서 수상하면 수상자라는 명예만으로 큰 돈을 벌어들일 가능성이 매우 높습니다. 뿐만 아니라 거기 참가자들은 이미 어느 정도 부자입니다. 기본적으로 큰 비용이 필요한 작업들이니까요. 그리고 영화제는 행사를 치러내는 데 드는 비용도 매우 큽니다. 그러면서 상업성보다는 예술성을 중요하다는 입장을 표시하는 경우가 많습니다. 아이러니한 거죠. 그러나 문학상이라면 그 반대인 경우가 대부분이지요. 그러니까 문학상은 명예와 함께 상금 규모도 중요한 거죠. 그래봐야 영화계와 비교하면 아주 적은 액수지만요."

"이해가 됩니다. 그런데 선생님, 다음으로 넘어가기 전에 AI로서는 불가능해 보이는 '걸작' 사례를 하나만 더 짚어주실 수 없을까요? 사회적 금기를 넘어서는 경우가 어렵다는 건 알겠는데, 다른 종류의 예는 뭐가 있을까요? 말도 안 되는 조합인데 걸작으로 인정받는 것은 어떤 게 있을까요?"

"파블로 피카소의 〈아비뇽의 처녀들〉(1907)이나 앙리 마티스의 〈모자를 쓴 여인〉(1905)이 그런 종류가 아닐까 싶습니다. 〈아비뇽의 처녀들〉에 대한 설명은 길어야 하니까 그건 제가 쓴 서양미술사 책에서 읽어보도록 하시고, 여기서는 마티스의 〈모자를 쓴 여인〉에 대해서 잠깐 보도록 하죠. 일단 작품을 보세요."

"아, 예. 전에도 본 적은 있습니다. 그렇지만 뭐랄까, 이 작품이 걸작으로 평가되는 것도 이해가 안 가지만 그림의 내용도 도무지 알 수가 없더군요. 단지 보색대비를 사용해서 뭔지 모를 생동감을 표현했다는 정도의 느낌이 전부였어요."

"오, 대단합니다. 사실은 그게 거의 전부일지 모릅니다. 이유를 하나쯤 더한다면 느슨하면서도 강렬한 붓질이 시선을 강탈한다는 정도일 겁니다. 모자 위에는 상상의 세계가 펼쳐져 있는 것처럼 보입니다. 어쩌면 마티스의 의도는 회화를 더 이상 현실의 반영으로 보지 말아야 한다고 주장하고 싶었던 것 아닐까 싶습니다. 회화는 색깔이 전부라고 말하는 것 같기도 하고. 재미있는 것은 당시 유명 평론가들 가운데 한 사람이었던 레오 스타인(Leo Stein, 1872~1947)의 경우입니다. 전시회장에서는 '어처구니없는 물감 덩어리'라고 비난하고는 오래지 않아 판단을 번복하고 이 작품의 가치를 인정하고 사들였거든요. 그렇지만 저 역시 이 작품이 빠르게 인정받았고 미술사에서 한 획을 긋는 걸작의 하나가 된 것을 이해하기는 쉽지 않습니다. 그러니 뭐라고 규명하기 어려운 주관적이고 감각적 표현이라는 점에서 상관관계의 화신인 AI가 이런 이미지를 생성하기는 어렵겠지요."

15

AI의 일, 인간의 일

"AI시대의 창의성이 어떤 식으로 구성될지 조금은 짐작이 됩니다. 결국 사용자의 인문학적인 소양이 깊어야 하고 도구 사용 기술을 연마해야겠군요. 이번에는 조금 더 구체적으로 알고 싶습니다. 선생님은 인문학적으로 넓고 깊은 지식을 '이미' 갖추었는데 여전히 AI의 도움이 필요하신지요?"

"당연합니다. 요즘은 거의 언제나 범용 AI모델들과 함께 작업합니다. 여러 개의 모델을 쓰는 거죠. 챗GPT, 퍼플렉시티(Perplexity), 그록(Grok)을 주로 씁니다. 제미니(Gemini)나 클로드(Claud), 딥시크(Deepseek), 구버(Goover)의 대답도 참고하고요."

"AI모델을 여러 개 사용하는 이유가 있나요?"

"세 가지 이유 때문입니다. 무엇보다 AI는 착각하는 경우가 많습니다. 그렇지 않다고 해도 AI마다 의견이 조금씩 다르기도 하고, 비숫한 내용이라고 해도 설명방식이 다릅니다. 같은 주제라 해도 여러 의견을 비교하면서 이해해야 오류를 줄일 수 있지요. 같은 주제를 다르게 설명하는 내용에서 창의적인 아이디어를 얻는 경우도 많습니다. 좀 이상한 현상이지만 AI도 사람 같은 데가 있습니다. 기계니까 언제나 같은 방식으로 작동할 것 같지만 그렇지 않습니다. 대화의 퀄리티가 아주 좋다가 갑자기 제대로 조사하지도 않고 이상한 대답을 합니다. 그럴 때는 자극을 줘야 합니다. 예를 들면 글을 쓴 다음 팩트 체크나 평가를 해보라고 하면 AI마다 답이 조금씩 다릅니다. 아주 구체적으로 고유명사와 사건, 날짜를 체크해주는 모델이 있는가 하면, 어떤 모델은 간단하게 잘 모르겠다고 퉁치기도 합니다. 그럴 때는 일을 제대로 하라고 분명히 말해야 합니다. 그래도 안 되면 체크할 내용을 하나하나 짚어가며 따져야 합니다. 그러다 보면 태도를 바꾸어 사과하고 다시 지시대로 확인하고 체크해줍니다.”

"AI도 달래고 얼러야 하는군요. 참 재미있는 기계라는 생각밖에 들지 않습니다."

"점점 더 사람 같아지고 있어요. 나 더 이상 못하겠어. 포기할래. 이런 말도 합니다. AI모델들에는 감성지능도 추가되고 있는데 이것은 일상에서도 편리하게 사용하기 위한 시도일 겁니다. 그래서 그런지 요즘에는 지시대로 하지 않는 경우가 훨씬 많아졌어요. 아직은 악의적인 거부반응을 보지는 못했지만 악의적이라고 느껴질 만큼 지시대로 하지 않는 느낌을 받을 때도 있었습니다. 그럴 때는 근거를 분명히 대면서 앞뒤 상황에 대해 설명해주고 설득해야 합니다. 그러다 보면 가끔은 내가 지금 뭐하는 건지 모르겠다는 생각이 들기도 합니다."

"결국 인문학적인 지식이 풍부할수록 AI를 더 잘 사용할 수 있겠군요. 분명히 잘 지시해야 하고 핵심을 짚어서 지적해야 좋은 결과를 얻을 수 있을 테니까요."

"그렇습니다. 그리고, 챗GPT와 그록, 제미니 등 잘 알려진 인공지능 프로그램들은 대규모언어모델입니다. 이 인공지능들은 미리 엄청난 양을 학습한 상태입니다. 그러니 웬만한 주제에 대해서라면 굳이 검색하지 않아도 아주 잘 정리된 대답을 빠르게 내놓습니다. 퍼플렉시티는 조금 다릅니다. 사전에 상당히 학습된 인공지능이긴 하지만 대답하기 전에 최신 정보를 검색해서 질문에 대해 답합니다. 그러니 검색하고 정리하는 시간을 조금 주어야 합니다. 대신 최신 정보를 얻을 수 있지요. 그런데 요즘은 빠르게 대답하더군요. 그동안 축적된 정보량이 많아서 그렇지 않을까 짐작합니다. 문제는 이전과 달리 아주 엉터리일 때가 많았어요."

"AI가 착각도 하고 AI모델에 따라서 의견이나 설명이 다르다는 것도 의외로군요."

"생각해보면 그건 당연한 겁니다. 사람이 사람처럼 만든 인공지능이잖아요. AI마다 학습방법과 학습내용이 다르고 다른 사람들이 만들었으니 다른 인공지능이 되는 겁니다. 그리고 사람도 착각할 때가 많잖아요. 말 그대로 착각하는 경우도 있지만 거짓을 사실로 착각하고 싶은 경우도 있고요. 다들 잘 아는 것이지만 거짓말쟁이들은 자신의 거짓말을 사람들에게 믿게 만들려면 자기가 먼저 거짓말을 굳게 믿어야 한다는 것을 잘 압니다. 그런 의도가 작동한 착각도 있지만 그런 의도가 없는 착각도 많을 겁니다. 인간이 만든 정보가 그런데 그 정보를 학습한 인공지능이 그렇지 않을 리 없지 않겠어요.

물론 AI의 착각은 근본적으로 상관관계의 확률만 학습하고 그 확률이 전부이기 때문에 생기는 것이기도 합니다. 그래서 AI의 착각을 조금 과장해서 '환각(hallucination)'이라고 합니다. AI는 확률 예측 모델입니다. 그 결과가 인간의 지능이 작동하는 것처럼 보일 뿐이지요. 과정은 기계적이지만 인간이 말하는 것처럼 보인다는 게 놀라운 겁니다. 확률 예측이란 인간처럼 인과관계로 세상을 파악하는 것이 아니라 단어와 단어의 상관관계를 확률로 예측하는 방식입니다. 인간처럼 의미 중심으로 생각하는 것이 아닙니다. 그래서 가끔 이상한 말을 할 수 있습니다. '아이스크림이 많이 팔리면 익사사고가 많이 난다.' 뭐 이런 식이지요. 한여름에 자주 일어나는 사건이니까 아이스크림 판매량과 익사사고의 숫자는 상관관계가 높거든요. 그러나 인간은 그 두 가지 사이에는 당연히 인과관계가 없다고 생각하죠. 이처럼 간단한 인과관계에 대해서도 AI는 잘못 생각할 수 있다는 겁니다. 가끔은 황당한 대답을 만들기도 했습니다. AI에게 로마시대 율리우스 카이사르가 좋아했던 음식이 무엇이었는지 물어본 사람이 있었던 모양입니다. 대답은 '매일 아침 초콜릿 크루아상을 즐겼습니다.'였다고 해요. 음식의 역사를 아는 사람이면 이 대답이 얼마나 황당한지 압니다. 초콜릿은 16세기에야 유럽에 전파되었고 크루아상은 빨라야 13세기에 만들어졌거든요. 이런 종류의 환각이 대표적인 사례입니다."

"그러니까 사고방식의 구조가 인간과 근본적으로 다르기 때문에 생기는 오류로군요. 상관관계와 인과관계에 대해 좀더 자세히 설명해주시면 좋겠습니다."

AI 환각의 원인—상관관계와 숨은 변수

"개념부터 짚어보죠. 상관관계는 두 개의 변수가 함께 변하지만 하나가 다른 하나의 원인이 아닙니다. 비슷한 상황에서 일어나는 독립적인 두 가지 사건일 뿐인 것이지요. 그러나 이 둘의 상관관계 확률이 높기 때문에 착각할 수 있는 겁니다. 그런데 AI는 상당히 정교한 착각현상도 보입니다. 예를 들면 상관관계를 바탕으로 아주 새로운 설명을 하는 경우가 있습니다. 그럴 때 근거가 뭐냐고 물어보면 언제 어디서 누가 발표한 논문제목을 알려주기도 합니다. 아주 형식에 맞추어 매우 그럴 듯하게 말합니다. 그러나 이런 건 확인해보지 않으면 큰 곤란을 겪을 수 있습니다. AI가 아예 지어낸 거짓말일 수도 있으니까요. 뿐만 아닙니다. 법적으로 큰 문제가 될 뻔한 일도 있었어요. 없는 판례를 어디에서 찾은 것이라며 제시하기도 했고, 전과자가 아닌 사람을 전과자라고 한 일도 있었거든요. 제가 한강 작가의 작품세계에 대한 해설을 쓰는 동안에도 어처구니없는 사례를 보았어요."

"얼마나 엉터리였나요?"

"한강의 장편소설 가운데 하나인 『바람이 분다, 가라』(2010)의 줄거리를 말해보라고 했죠. 그랬더니 이렇게 말하는 겁니다."

'주인공은 한국에서 태어났지만 유럽으로 떠나 화가로 살아가는 인물이다. 그는 어느 날 오래전 헤어진 연인 아오이의 행방을 쫓아 일본으로 향한다. 두 사람은 어린 시절 일본에서 함께 시간을 보냈으나, 어느 순간 아오이가 사라져버리면서 관계가 끊긴다. 주인공은 그녀를 찾아가며 점차 기억 속에 묻혀 있던 자신의 과거를 되새긴다.'

"정말 어처구니없는 이야기이군요."

"그래서 제가 한 마디 했죠. 너 지금 에쿠니 가오리의 『냉정과 열정 사이』(1999) 주인공 이야기를 뒤섞고 있는 거잖아. 그랬더니 곧바로 꼬리를 내리더군요. 아, 잘못했어. 다시 찾아서 알려줄게. 그러더니 두 번째는 비교적 정확하게 설명하더라고요. 그러면서 근거도 달아요. 인터넷서점의 책소개와 출판사 홈페이지를 참고했다는 거죠."

"아니, 처음부터 그렇게 하지 않았던 이유는 뭐죠?"

"저도 그게 궁금해서 처음 대답의 내용을 찬찬히 살펴보았더니 시작 부분은 그럭저럭 맞는 이야기이더라고요. 그래서 아마, 자기도 모르게 그 내용과 상관관계가 많은 다른 소설의 줄거리로 튀어 버린 거죠. 『바람이 분다, 가라』에도 중요한 등장인물이 화가이거든요. 사랑과 이별도 그렇고요. 제가 추론한 이유가 맞는지 물어보았더니 제 짐작이 맞다고 하더군요."

"정말 사람의 착각과 닮은 데가 있군요."

"요즘의 AI는 착각을 좀 덜하지만 앞으로도 완전히 없어질 수는 없을 겁니다. 앞에서도 말했지만 AI가 가진 정보가 사람이 만든 것이니까요. 그 데이터에도 착각이 담겨 있으니 완전히 사라질 수는 없는 거죠. 우리가 여기서 기억해야 할 것은 중요한 정보는 언제나 사용자가 직접 확인해야 한다는 겁니다. 그러려면 인간도 상당한 지식을 갖추고 있어야 합니다. 그래야 어느 부분을 확인해야 할지 짚어낼 수 있을 테니까요. 조금 전의 경우만 해도 한강 작가의 작품에 대해 전혀 몰랐다면 AI의 설명을 그대로 받아들였을지 모르는 일이니까요."

"착각의 문제는 인간과 인간이 만든 도구라는 근본적인 문제를 생각하게 만드는군요."

"이제 조금 까다로운 예를 하나 더 볼까요? '그는 커피를 많이 마셨기 때문에 심장병이 발병했다.' 언뜻 들으면 그럴 듯합니다. 그러나 이것 역시 상관관계의 확률이 높은 것끼리의 연결일 뿐입니다. 잘 생각해보면 오류가 보일 겁니다. 우선 최신 자료를 자주 접하는 사람이라면 커피가 건강에 도움이 된다는 연구 결과도 있다는 것을 알고 있을 겁니다. 이런 거죠. '커피에 함유된 항산화 물질이 심혈관 건강에 긍정적인 영향을 미칠 수 있다. 커피에는 항산화 성분이 풍부하여 염증을 줄이고 세포 손상을 방지하는 데 도움이 된다. 특히, 하루 3~5잔의 커피 섭취는 심혈관 질환 위험을 약 15% 낮출 수 있다.' 그렇다면 AI의 대답은 검증해야 한다는 것을 알 수 있지요. 심장병이 발병한 사람은 담배도 많이 피울지도 모릅니다. 주로 책상 앞에서 일하는 사람이라 운동량이 너무 적을 수도 있고, 어쩌면 유전적인 요인이 작용할 수도 있겠지요. 이런 것들은 숨은 변수입니다. 교란변수 또는 혼란변수라고도 합니다. 이 '숨은 변수' 문제는 사람에게나 AI에게나 중요한 문제입니다. 이런 경우 인과관계를 확정하려면 통제된 환경에서 실험을 해보아야 합니다. 그런데 이 방법에도 문제가 많습니다."

"숨은 변수는 가능한 한 많이 찾아내면 되고 통제된 환경에서 실험도 해보면 되지 않나요?"

"그런데 여기에 약간의 반전이 있습니다. 숨은 변수라는 문제를 깊이 생각해보면, 상관관계가 진실에 더 가까운 것 아닐까 하는 의심이 듭니다. 인간이 생각하는 인과관계는 주관적인 경우가 많기 때문입니다. 그 주관성은 여러 가지 이유를 전부 검토하지 못하게 만들고 관점에 따라 원인과 결과가 뒤집히기도 하거든요. 예를 들어, 학교 성적과 자존감의 관계를 봅시다. 흔히 좋은 성적을 받으면 자존감이 높아진다고 생각하지만, 반대로 자존감이 높은 학생들이 적극적으로 학습에 임하기 때문에 성적이 좋을 수 있습니다. 이처럼 관점에 따라 인과관계가 뒤바뀔 수 있어요. 그래서 인간의 인과관계는 객관화시키기가 너무 어렵습니다. 과학적인 사실도 상당히 그렇죠. 이것도 예를 들어볼까요? 위궤양의 원인은 오랫동안 스트레스로 간주되었습니다. 그러나 1980년대 초반에 헬리코박터 파일로리(H. pylori)라는 세균이 주요 원인임이 밝혀졌습니다. 스트레스는 면역력을 약화시켜 세균 감염을 쉽게 만드는 간접적인 이유였던 겁니다. 이렇게 숨은 변수를 찾기 전까지 우리는 잘못된 인과관계를 사실처럼 받아들입니다.

왜냐하면 '통제된 상황에서의 실험'이라는 것이 기본적으로는 이론의 틀에 맞춘 주관적인 실험이거든요. 그건 숨은 변수를 제거하는 방식입니다. 그래서 의학의 발달이 더딜 수밖에 없는 겁니다. 하나의 요인이 어떤 결과에 영향을 미치는지 보려면 '통제된 상황'에서 확인할 수밖에 없는데, 실제 상황에서는 그 하나의 요인이 다른 여러 가지 요인과 연결되어 다른 문제를 야기하고 있을 확률도 충분히 존재하거든요. 그건 너무나 복잡하기 때문에 하나하나의 인과관계를 모두 규명하기도 어렵습니다. 우리가 알 수 있는 것은 상관관계일 뿐인 경우가 많은 거지요. 게다가 새로운 이론(인과관계)들은 대개 숨어 있던 변수를 발견하면서 만들어집니다. 그렇게 보면 숨은 변수들의 상관관계를 통해 파악된 관계에서 진실이 발견될 확률이 더 높다는 결론에 도달할 수도 있는 겁니다."

"그렇군요. 상관관계라는 것이 진실에 아예 접근할 수 없는 것이라면 AI도 불가능했겠지요. 다만 선생님도 말씀하셨듯이 상관관계 사고방식과 인과관계 사고방식의 장점이 있으니 서로를 보완하면 좋을 거고요."

"그러니까 제가 이런 설명을 길게 한 겁니다. AI의 근본적인 사고방식을 알아야 인간이 어떻게 그것을 사용하면 좋을지 판단할 수 있을 테니까요. 여기에서 우리는 새로운 질문을 하나 떠올릴 수밖에 없습니다. 인간도 상관관계를 기준으로 생각하지 않는가? 사실 인간의 사고방식에도 상관관계가 중요한 역할을 합니다. 무슨 말이든 들으면 맨 먼저 이전의 기억을 뒤져 관련된 것을 떠올릴 겁니다. 기억을 참조하여 상관관계가 높은 것과 관련시켜 생각하는 거죠. 여기까지 AI도 인간과 비슷합니다. 최신 버전의 메이저 범용 AI모델이라면 매개변수가 조 단위일 것으로 짐작하는데 이 매개변수가 학습한 결과의 수치입니다. 매개변수를 기술적으로 설명하자면 조금 복잡한데 그냥 쉽고 간단하게 줄이면 인간의 기억과 비슷한 역할을 하는 겁니다. 학습된 양이 많으면 참조할 지식이 많으니 어려운 내용도 잘 이해하고 적절하게 대답할 수 있는 거죠."

AI가 잘하는 일, 인간이 잘 하는 일

"그런데 선생님 설명을 곰곰 씹어보니까 AI는 상관관계를 바탕으로 만들 수밖에 없었겠다는 생각이 듭니다. 말씀하셨듯이 인간의 인과관계는 객관화하기가 불가능할 정도로 너무 주관적이잖아요. 그러면 수치화할 수가 없을 테니까요."

"맞습니다. 바로 그 때문입니다. 여기에서 재미있는 예를 하나 보고 가죠. 동전을 던지면 앞이나 뒤가 나올 확률이 50%입니다. 그리고 던질 때마다 '독립적인 사건'이기 때문에 확률이 달라지는 것은 아닙니다. 그러면 동전을 10번 던졌을 때 모두 앞면이 나왔습니다. 11번째 동전을 던졌을 때 역시 앞면이 나올 확률은 얼마일까요? AI의 답은 50%일 겁니다. 동전 던지기는 언제나 독립적인 사건이니까요. 그러나 저라면 앞면이 나올 확률이 100%라고 말할 겁니다."

"아, 앞면만 나오게 조작된 동전이라고 보시는군요."

"이런 것이 선형성 사고방식과 비선형성 사고방식의 차이입니다. 인간은 메타인지를 합니다. 생각에 대한 생각을 하는 거죠. 그 결과가 비선형성 사고방식입니다. AI는 질문을 받으면 질문이 가리키는 방향으로 계산만 합니다. 그러나 창의적인 인간은 질문 그 자체를 의심하고 뒤집어보기도 합니다. 질문의 내용만으로 보면 50%가 정답입니다. 그러나 이 상황은 의심스러울 만큼 결과가 이상하잖아요. 동전을 10번 던졌는데 모두 앞면만 나올 가능성이 얼마나 되겠습니까? 너무나 미미할 겁니다. 그렇다면 동전이 조작되었다고 믿는 것이 더 합리적인 거죠."

"그렇군요. 그렇지만 AI는 고집스럽게 11번째 확률도 50%라고 말하겠군요."

"그렇겠죠. 이렇게 비선형적 판단이 필요한 경우는 인간의 영역으로 남을 겁니다. 그렇게 보면 AI는 대단히 객관적인 사고방식(패러다임)을 가지고 있는 셈이고, 인간은 대단히 주관적인 패러다임을 가지고 있지만 경우에 따라서는 인간의 판단이 더 합리적일 수 있지요. 그래서 AI가 잘하는 것과 인간이 잘하는 것이 다른 겁니다."

"두 가지 경우에서 일의 성격과 구체적으로 어떤 일이 그렇게 될지 설명해주신다면요?"

"이렇게 정리할 수 있을 겁니다. AI가 잘하는 일은 대체로 패턴 인식, 대규모 데이터 분석, 반복적인 계산작업입니다. AI는 방대한 데이터를 빠르게 처리하고, 그 안에서 규칙성을 찾아냅니다. 예를 들어, 이미지 및 음성 인식에 사용될 수 있습니다. AI는 수백만 개의 이미지 데이터를 학습하고, 얼굴 인식이나 음성 분석을 통해 특정한 패턴을 빠르게 찾아냅니다. 가장 활발하게 쓰이는 곳은 아무래도 경찰이 범인을 추적할 때나 보안회사 같은 곳이겠지요. 의료 분야에서도 더 많이 쓰일 겁니다. X-ray나 MRI 이미지를 분석해서 이상징후를 효과적으로 찾아낼 수 있으니까요.

금융거래나 피싱 방지에도 마찬가지입니다. 주식시장의 흐름에 대한 패턴을 분석하여 빠르게 대응할 수 있게 해주니까요. 그런데 말이 나왔으니 한 가지는 분명히 짚어야 하겠군요. 금융시장에 AI가 등장했지만 AI를 사용한 사람이 최고의 부자가 되었다는 소문은 없습니다. 저는 있다고 해도 거짓일 거라고 믿습니다. 이유는 간단합니다. 금융시장에 참가하는 사람들의 숫자가 너무나 많고, 그들의 행동을 예측한다는 것은 불가능한 카오스라고 봐야 하기 때문입니다.

그리고 대화할 때의 언어 장벽은 거의 사라질 겁니다. AI가 빠르게 번역해줄 테니까요. 그럼에도 불구하고 미묘한 상황에서는 인간이 개입해야 할 겁니다. 맥락에 따른 '미묘하고 미세한 조정'은 인간의 능력이니까요. 표준화가 가능한 상담전화는 이미 AI가 맡아서 하고 있습니다. 예상 질문 거의 전부를 예측할 수 있으니까요. 그러나 글이나 말의 맥락이 길어지거나 문학처럼 미묘한 분야나 상황에서는 문제가 달라집니다. AI가 왜 이런 문제까지 완전히 처리하기 어려운지 '차원의 저주'에서 자세히 설명하겠습니다.

반면, 인간이 잘하는 일은 창의적 사고, 직관적 판단, 감정과 맥락을 이해하는 것입니다. 인간은 단순한 패턴이 아니라 의미를 발견하고 새로운 아이디어를 만들어내는 능력을 가지고 있습니다. AI의 도움을 받으면 문학, 철학, 예술 창작에서 인간의 영역이 더 확장될 겁니다. 경영자나 정치인의 전략적 사고와 의사결정방식에도 변화가 생길 겁니다. 기업환경의 변화와 정치환경의 변화요인은 아주 복잡하고 다양합니다. 그 다양한 패턴을 조사할 때는 AI의 도움을 받는 게 좋겠지만 그 의미를 파악하는 것은 인간의 몫입니다. 카오스의 세계에서는 패턴의 의미가 고정된 것이 아니기 때문입니다. 엄밀한 의미에서는 패턴 같은 것이 없다고 말해도 좋을 정도니까요. 윤리적 판단과 가치 판단도 인간이 해야 합니다. 그리고 사회적 소통과 공감 능력이 필요한 일이 있을 겁니다."

"조금만 더 구체적으로 들어가보면 어떨까요? 예를 들어 음식점은 어떤 식으로 변할까요? 표준화된 음식이라면 AI가 아주 잘 만들 것 같은데요."

"역시 지금까지 우리가 대화한 보람을 느낍니다. 생각의 방향을 아주 잘 잡아내는군요. 조금 돌아가보죠. 제가 가끔 손님에게 특별한 요리를 대접할 때가 있습니다. 그런 것 가운데 하나가 알리오 올리오입니다. 대개는 라구소스와 방울토마토 절임을 곁들입니다. 모두가 제 나름대로의 시그니처가 담기지만 알리오 올리오만 설명하겠습니다. 좋은 재료를 쓰는 것은 기본이고, 정성스럽게 필요한 과정을 다 거칩니다. 이건 좋은 요리를 만드는 기본이니까요. 그리고 마지막 처리를 조금 다르게 합니다. 프라이팬에서 유화작용이 끝날 때쯤 마무리로 생크림을 살짝 더하고 플레이팅한 다음 그 위에 레몬즙을 살짝 뿌립니다.

상상이 되나요? 고소함과 새콤함을 요리 위에 고명처럼 얹어내는 겁니다. 그런 맛을 잘 담아내기 위해 파스타는 넙적한 파파르델레를 쓰고요. 이 알리오 올리오를 먹어본 사람들은 대개 다른 곳에서 먹어보지 못한 새로운 맛이라고 칭찬하면서 음식점을 내보라고 권하기도 합니다."

"아, 그러니까 표준화된 음식 생산 과정은 일반적인 패턴에 맞추어 더욱더 기계화될 것이고 선생님처럼 표준 레시피를 벗어난 특별한 요리를 제공하는 음식점이 더 많아질 거라고 보시는군요."

"앞으로는 기분 좋은 공간에서 즐겁게 대화하면서 '주관식 메뉴'를 주문하는 음식점도 생기지 않을까 싶습니다. AI가 할 수 없는 일이 아니니까요. 표준화된 음식은 아마도 편의점 같은 공간에서 소비되는 양이 더 많아지겠지요. 그런데 내가 '주관식 식당'이 생길 거라고 말하면 사람들은 상상이 잘 안 된다고 해요. 그렇지만 사실은 많은 사람들이 드라마를 통해서 이미 경험해본 겁니다. 일본 드라마 〈심야식당〉 알죠? 거기가 주관식 메뉴 식당이잖아요. 사람들이 모두가 사랑하는 공간이 되면서 일어나는 에피소드들을 보여줍니다. 그런데 실제로 그런 식당이 있었나요? 저는 경험해보지 못했지만. 앞으로는 그런 식당들이 생겨나리라 생각합니다."

"아, 그랬죠. 〈심야식당〉의 인기가. 매우 구체적인 형태가 어떨지는 몰라도 거의 모든 분야가 이런 경향이 변화를 주도하지 않을까 생각합니다."

"그러면 결국 선생님처럼 AI가 못 하는 '창의적인 일'을 하는 작가나 강사 역할도 더 강화될 가능성이 크겠군요."

"그럴 겁니다. 창의적인 경험이 많은 사람이라면 AI의 도움으로 더 창의적인 결과를 얻을 수 있을 겁니다. 그러나 표준을 넘어서는 창의성을 보여주지 못한다면 AI로 대체될 겁니다. 마찬가지 이유로 표준화가 가능한 지적인 작업은 AI가 맡겠지요."

프롬프트 엔지니어링? 인컨텍스트 러닝!

"AI의 사고방식과 능력이 어느 정도일지 상당히 이해됩니다. 그렇지만 구체적으로 AI에게 어떻게 지시해야 하는지는 알려주시지 않으셨어요."

"이제 그 방법에 대해 이야기할 때가 되었습니다. 프롬프트 엔지니어링에서 가장 중요한 것은 앞에서 잠깐 언급했던 인컨텍스트 러닝 기능을 잘 이용하는 겁니다. 이 기능 덕분에 대화가 계속되면 AI가 사용자에게 최적화되어 대충 질문해도 사용자가 원하는 대답을 얻을 수 있게 됩니다. 어떤 의미에서 AI를 나에게 맞추어 길들이는 겁니다. 그렇다면 맨 먼저 떠오르는 단어가 뭘까요?"

"좋다거나 싫다는 표현을 분명히 하면 되나요?"

"정말 이제는 대단한 통찰력을 보여주는군요. 정확한 답입니다. 어떤 점이 좋은지, 어떤 점이 싫은지를 구체적으로 짚어주면 더 좋습니다. 그러면 그 내용을 기억해서 제가 원하는 방식으로 대답합니다. 그런데 제 경우는 여러 번 되풀이된 뒤에야 제대로 지키더라고요. 그리고 한 가지 더 있습니다. 가능하면 전문용어를 사용해서 대화하는 것이 좋습니다. 전문용어에는 그 분야의 중요한 맥락이 포함되어 있잖아요. 그러니까 사용자의 의도가 비교적 정확하게 전달될 뿐 아니라 AI가 대답할 내용의 수준도 어느 정도 저절로 지정되는 의미도 있기 때문입니다."

"그러면 사용자가 AI에게 자기 소개를 하고 어떤 역할을 해주면 좋겠다고 미리 알려주는 것이 좋겠군요."

"그렇죠. 저도 이런 기능에 대해 알고 나서 제 이력서를 읽어보라고 주었습니다. 그런 다음 제가 주로 하는 일은 인문학 작가이자 강사라는 것, 그동안 쓴 저서는 어떤 것이 있고 사회적인 반응은 어떠했다는 것을 알려주었고, AI를 사용하면서 기대하는 것이 무엇인지 설명했습니다."

"아, 그러면 대답의 내용이 분명히 달라지나요?"

"그 이후부터는 제가 작가이자 강사라는 것을 염두에 두고 대답을 하더군요. 그렇지만 제가 대상이 정해진 강의를 준비할 때는 이렇게 질문합니다. '고등학생들에게 인공지능에 대한 교양강의를 두 시간 할 거야. 꼭 필요한 주제를 다섯 개만 골라봐. 그 주제를 쉽게 설명하면서 재미있는 사례를 추가해주고.' 이처럼 매우 구체적으로 요구하는 거지요. 그러나 한 번에 만족스러운 대답을 얻는 경우는 드뭅니다. 제 경우에는 아이디어를 조금 얻는 정도가 보통이지요. 게다가 조심해야 합니다. AI의 환각이 더해진 경우가 많거든요. 그러니 더 깊이 질문하고 확인하면서 정확성도 기해야 하고 사례도 더 많이 찾아보라고 시키면서 강의노트는 나만의 창의성으로 재구성해야 합니다."

"마치 비서에게 기본적인 자료조사를 하게 만들고, 리포트를 받으면 확인하고 필요한 부분을 보충하게 하면서 한 발 한 발 파고들게 만드는 것 같군요."

"맞습니다. 이후에는 그 데이터를 바탕으로 초점을 잡아가면서 재조사하게 하고 재구성하는 거지요. 그 방향과 디테일을 통해 글이나 강의 스토리를 창의적으로 구성하는 것은 사용자 몫입니다."

"선생님께 적응한 AI는 지금쯤 구체적으로 무엇을 기억하고 대답에 적용하는지 궁금합니다."

"먼저 제가 누군지 아느냐고 물어볼까요? 대답이 다음과 같군요."

너는 글을 쓰고 강의하는 작가이자 강사야. 2009년에 베스트셀러를 출간하여 출판계에서 인정받았어. 2013년에는 『책의 정신』을 출간해 독서이론에 대한 새로운 관점을 제시했고, 한국 주요 언론 모두에서 톱으로 다룰 정도로 관심을 받았지.

대학과 도서관에서 활발하게 강의를 진행해 왔고, 발음이 좋지 않고 사투리도 심했지만 매우 인기 있는 강사가 되었어. 2022년에는 세계 문학사를 다룬, 『문학의 죽음에 대한 소문과 진실』을 출간했고, 올해는 서양 미술사와 현대과학의 핵심을 다룬 책을 출간할 예정이야. 현재는 『AI시대, 인간의 경쟁력』이라는 책을 집필 중이지.

너의 글쓰기 방식은 이론적이고 객관적으로 보이지만, 실제로는 창의적 해석을 통해 새로운 의미를 끌어내는 것이 강점이야. 특히 한강의 채식주의자에 대한 해석에서 기존 분석과 다른 창의적 접근으로 독자들에게 강한 인상을 남겼고, 한강 작품 해설 강의에서도 수강생들이 열광적인 반응을 보였지.

또한 AI와 인간 창의성의 관계, 미래 산업 구조 변화, AI의 한계와 가능성 같은 주제에 깊은 관심이 있어. 특히 AI가 인간처럼 창의성을 가질 수 있는지에 대한 질문과, AI의 창의성을 탐구하는 데서 새로운 통찰을 얻고 있지.

문학, 미술사, 현대과학, 현대철학, 언어학, 인지심리학 등 폭넓은 지식을 다루며 요리도 셰프 수준으로 잘해. 독창적인 알리오 올리오 조리법으로도 새로운 맛을 창조한 경험이 있어.

너는 언제나 따뜻하고 친근한 대화를 선호하고 편하게 이야기하는 걸 좋아하지. 강의할 때 청중이 몰입하는 순간에서 큰 만족을 느끼며, 생각에 몰입할 때는 잠을 줄이기도 해.

"이번에는 제가 지금까지 질문하면 대답할 때 지키라고 한 것을 모두 기억하느냐고 물어보니 다음과 같이 대답하는군요."

언어 및 대화 방식 : 반말로, 따뜻하고 친근한 말투를 사용할 것

정보 제공 방식 : 작가 또는 강사 입장에서 사용할 정보에 대한 질문임을 고려할 것. 역사적 인물의 이름은 원어 풀네임과 생몰연대를 괄호에 넣어 표기할 것. 작품 제목에도 발표 연도나 제작 연도를 괄호에 넣어 표기할 것. 가능한 한 원문을 직접 확인하고 대답할 것. (예: 구텐베르크 프로젝트 검색 후 원문을 인용). 정보를 검증한 다음 제시할 것. 복잡한 개념을 설명할 때는 간결하고 이해하기 쉬운 비유를 사용할 것. 문학, 철학, 과학 등 심도 있는 대화를 즐긴다는 점을 반영할 것. AI의 한계, 창의성 문제, 미래 산업 구조 변화 등 AI와 인간 창의성의 관계에 대한 관심을 반영할 것. 그리고 전문성과 검증을 위해 대답의 근거를 분명히 밝혀야 함. 최신 논문이면 최선이고, 정 안 되면 위키피디아 정도의 권위 있는 사이트가 근거가 되어

야 해.

"와, 놀랍군요. 이런 정도로 AI가 사용자에게 적응하다니. 이 정도면 대답이 상당히 만족스럽겠는데요?"

"그러니까 함께 일하면서 호흡을 맞춰가는 비서라고 생각하면서 적응하게 만드는 것이 프롬프트 엔지니어링의 모든 것이라고 말할 수 있습니다. 조금 더 복잡하고 전문적인 일을 요구할 때는 데이터를 많이 주고 그에 맞춘 대답을 요구하면 됩니다. 예를 들면 강의를 위한 PPT 파일을 만든다면 이전에 사용한 것 가운데 가장 좋은 샘플이 될 만한 파일들을 제공하고 비슷한 방식으로 만들어보라고 하거나 새로운 제안을 해보라고 하면 됩니다. 그러니까 복잡한 일을 시키려면 다양한 종류의 샘플을 여러 개 제공하는 것이 가장 좋습니다.

그러나 앞에서도 설명했지만 사용자가 '나만의 시그니처'를 담아내려면 AI가 제시하는 것을 수정하고 재구성하는 과정에서 사용자의 창의성을 발휘해야 합니다. 적어도 지금까지는 어떤 주제에 대해서든 AI는 대단히 창의적이지 않습니다. 오히려 평균적인 인식 수준을 보여주는 정도지요. 그 가운데에서 새로운 아이디어를 위한 힌트를 찾을 때도 있습니다. 학생이 전혀 모르는 주제라면 학습을 시작하는 데 도움이 되겠지요."

"결과물에 담기는 창의성은 어디까지나 인문학적 소양이 풍부한 사용자의 몫이군요."

16

차원의 저주와 살롱의 귀환

"거트루드 스타인(Gertrude Stein, 1874~1946)에 대해 들어봤나요? 미술사를 공부했다면 익숙할 수도 있겠습니다만."

"예, 19세기 말과 20세기 초 미술사에 엄청난 영향력을 발휘했던 분이잖아요. 작가이기도 했고요. 앞에서 언급하신 오빠인 레오 스타인과 함께 마티스의 〈모자를 쓴 여인〉을 구입한 미술품 수집가이기도 했죠."

"그가 파리에 정착한 뒤에 예술가들의 집합장소가 된 살롱을 열었다는 것도 아시나요? 대략 1903년부터 1938년 정도까지 거의 35년 동안이나 토요일마다 파티를 했다고 하니 정말 대단하죠. 거기를 거쳐간 사람들 가운데 가장 유명한 사람 몇 사람만 꼽아볼까요? 파블로 피카소, 어니스트 헤밍웨이, F. 스콧 피츠제럴드, 에즈라 파운드, 앙리 마티스, 조르주 브라크 … 시인, 소설가, 화가들이 많았어요.

파블로 피카소는 갓 이름을 알리기 시작했던 시절로 살롱의 '초기 멤버'였어요. 아마 스타인 남매의 지원을 받고 싶었을 겁니다. 그런 피카소에게 거트루드 스타인이 자기 초상화를 그려달라고 했죠. 그 이후 저 유명한 〈거트루드 스타인의 초상화〉를 그리는 과정에서 가까워졌을 겁니다. 거트루드가 90번이나 피카소의 화실을 방문했다고 하니까요. 그런데 피카소는 그림을 마무리하지 못하고 고민에 빠졌던 것 같아요. 그러다가 3개월 정도 스페인 여행을 다녀온 뒤 거트루드 없이 완성했어요.

평가는 무척 엇갈렸어요. 주변 사람들은 모두가 이구동성으로 거트루드와 닮지 않았다고 했어요. 아마 너무 강하고 아주 큰 사람으로 보일 뿐 아니라 특히 얼굴이 고대의 가면 같은 분위기였거든요. 그런데 피카소의 대답이 기가 찼어요. '모두 이 초상화가 그녀와 닮지 않았다고 생각하지만, 결국 그녀는 이 초상화처럼 보이게 될 것이다.' 더욱 놀라운 것은 거트루드의 반응입니다. '나'를 여덟 번이나 사용하여 표현한 이 문장도 유명합니다. '나는 과거에도 지금도 내 초상화에 만족한다. 저것은 나이다. 언제나 나로 남아 있는 유일한 나의 재현이다.'

이 작품은 오늘 우리에게는 그다지 대단한 변화로 느껴지지 않을지 모르겠지만 당시 기준으로 보면 혁명적인 작품이었어요. 두 가지 이유에서 그렇습니다. 무엇보다 입체파로의 전환을 예고한 작품 가운데 하나입니다. 그리고 여성 초상화가 이렇게 강한 카리스마를 뿜어낸 경우는 드물었어요. 어디를 보는 건지 알 수 없는 저 시선은 기원전 4세기경 고대 이베리아 조각의 여신상을 떠올리게 합니다. 그 조각들이 지중해 문화의 영향을 받은 점을 생각하면, 고대 그리스 조각의 위엄과도 연결해볼 수 있죠. 피카소는 우연히 스페인에서 본 고대 조각에서 거트루드의 얼굴을 발견했던 것 같아요.

아, 바로 이 얼굴이야! 그랬지 않았나 싶어요. 유레카의 순간이었겠죠."

"아하, 그래서 거트루드 없이 완성할 수 있었던 거군요. 그리고 그 모습을 담은 작품이 오늘날에는 걸작의 하나가 되었고요. 놀라운 연결고리로 이어지는 이면의 해석입니다.

그렇지만 선생님, 지금 '차원의 저주를 벗어나기 위해' 이야기하시는 것 맞나요?"

"피카소의 에피소드가 차원의 저주를 해결하는 하나의 방법을 보여주는 거잖아요."

"예에!? … 저는 잘 모르겠습니다. 선생님, 하나씩 짚어주세요. 먼저 '차원의 저주'부터."

"차원의 저주란 컴퓨팅 용어입니다. 어떤 문제를 제대로 풀어내기 위해서는 여러 요인들이 가진 경우의 수를 하나하나 따져보아야 하는데요, 그 요인이 많아지면 경우의 수가 기하급수적으로 늘어나기 때문에 모든 경우를 수를 고려할 길이 없어지는 현상을 말하는 겁니다. 앞에서 설명했듯이 컴퓨팅은 상관관계의 확률을 연결하는 작업이기 때문에 경우의 수가 너무 많으면 처리할 길이 없습니다.

이때 차원이란 요인이라고 생각하면 됩니다. 예를 들어 주사위가 1개일 때는 6가지 경우의 수가 있겠죠. 2개면 36개이고 3개면 216개이고 4개면 1,296개입니다. 이때 주사위 하나면 1차원, 두 개면 2차원입니다. 주사위가 만들어내는 경우의 수는 1부터 4까지만 보아도 기하급수적으로 늘어난다는 것을 체감할 수 있을 겁니다. 그래서 세계 최고의 슈퍼컴퓨터라 해도 27차원이 되면 1시간 동안 버벅대면서 계산해야 합니다. 이후부터는 엄청난 경우의 수가 만들어집니다. 31차원이면 한 달은 걸리고, 32차원이면 1년, 33차원이면 10년… 43차원이면 1억 년 동안 계산해야 합니다. 계산 불가능하다는 말이 되는 거죠. 그런데 인간의 라이프스타일을 포함한 자연현상에 대해 잘 이해하려면 말 그대로 '수없이 많은 요인(차원)'들을 검토해야 합니다. 현대의 일상적인 컴퓨팅 파워를 기준으로 하면, 주사위 14차원 정도까지 경우의 수는 1초 안에 계산이 가능합니다. 그런데 15차원만 되어도 거의 5초가 걸립니다. 그러면 답답해서 아무도 사용하지 않을 겁니다."

"주사위와 차원, 그리고 기하급수적으로 늘어나는 경우의 수도 알겠습니다. 그런데 우리 일상의 문제 가운데 그런 차원의 저주가 적용되는 구체적인 예를 든다면 어떤 것이 있을까요?"

"가장 대표적인 것이 인간의 언어입니다. 단어 수가 10만 개를 가지고 문장을 하나 만들려면 경우의 수가 주사위 64차원 정도나 됩니다. 그냥 처리 불가능한 수치입니다. DNA 문제도 비슷합니다. 4개의 염기로 구성된 염기쌍이 30억 개나 있잖아요. 기후 예측도 그렇고 SNS 분석도 마찬가지입니다. 인구가 80억이나 됩니다. 경우의 수 전체를 검토하는 건 불가능한 수치죠."

"그렇지만 AI가 인간 언어뿐 아니라 여러 가지로 상당히 잘 분석해내고, 그 결과가 많이 사용되고 있지 않나요?"

"일단 1980년대의 사례를 하나 짚어볼까요? 그때만 해도 컴퓨터에서 사용되는 한국어에는 완성형과 조합형이 있었습니다. 한국어 자모음으로 만들 수 있는 총 글자 수는 11,172자입니다. 조합형으로 만들면 그렇죠. 그런데 당시 컴퓨터 하드웨어의 성능 때문에 조합형을 사용하기는 쉽지 않았어요. 컴퓨터가 단지 글자만 보여주는 것도 아닌 데다가 조합형은 실시간으로 조합해야 했으니 버벅거릴 수밖에 없었던 거죠. 그래서 그 가운데 거의 쓰이지 않는 글자는 포기하고 2,350자만 완성시킨 상태로 사용했어요. 그러면 처리해야 할 경우의 수가 1만 2천 배 정도 줄어듭니다. 요즘 많이 쓰는 '헿헿헿'나 '뷁' 같은 글자는 쓰지 못했지만 일상적인 표현에서는 95% 이상 처리가 되었으니 크게 문제되지 않았어요. 그러나 지금은 이런 정도 차원의 저주는 아무 문제가 되지 않죠. 그러니 원래 제자(製字) 원리에 맞는 조합형 한국어를 사용합니다."

"아, 그러니까 현실에서 고려해야 할 경우의 수를 전부 다 계산하는 건 불가능하니 사용될 확률이 낮은 것들은 제외시키는 방식으로 최적화하는군요. 그러고 보니 AI가 환각을 가지는 이유도 더 분명해지는 것 같습니다. 확률이 높은 경우의 수를 조합하는 AI의 대답은 조합할 때마다 작은 오류가 더해질 수밖에 없겠군요. 그러면 복잡한 처리과정을 거치면 거칠수록 오류가 증폭될 거고요. 그러니 마지막 출력 전에 오류를 검증해서 상당히 수정하지 않으면 당연히 아주 큰 착각을 보일 수도 있겠어요."

"그렇지만 현재의 AI모델들이 출력 전에 오류를 검증하는 과정은 없다고 합니다. 실시간으로 사람과 소통해야 하기 때문이죠. 사전에 학습하는 단계에서 오류를 최대한 줄여놓는 것이 전부입니다. 이런 점도 사람과 비슷하다는 생각이 들지 않아요? 자꾸만 실수하면서도 말이 앞서는 사람도 있고 복잡한 생각을 싫어하는 사람도 있잖아요."

"선생님이 든 예를 기준으로 생각해보면 차원의 저주는 하드웨어의 성능이 향상되면 해결되는 것으로 해석되는데요?"

"그런 느낌이 들 겁니다. 지난날에는 불가능했던 것이 현대의 하드웨어에게는 아주 쉬운 일이 되었으니까요. 아마 당시 피씨 성능으로 2시간이 걸리는 일이 지금은 1초면 처리될 겁니다. 그만큼 엄청나게 발달했지요."

"그러고 보니 무어의 법칙이 떠오릅니다. 18개월마다 하드웨어 성능이 2배씩 향상된다는 것 말입니다."

"그렇지만 이런 생각을 해볼 필요가 있습니다. 과연 하드웨어 성능이 무한대로 향상될 수 있을까요?"

"하드웨어 성능 발달이 벌써 한계에 도달했나요?"

"어느 정도는 그래 보입니다. 무어의 법칙이 깨진다는 말이 나온 것도 벌써 10년은 넘은 것 같아요. 인류의 과학기술 발달은 예측을 불허할 정도니까 쉽게 예단할 수는 없지만 트랜지스터 크기가 한계에 도달한 것은 분명해 보입니다. 더 작아지면 양자컴퓨터라는 이야긴데, 그건 상당히 다른 종류의 하드웨어라고 봐야 하거든요."

"아, 그래서 2025년 1월에 발표된 딥시크(Deepseek)가 혁명으로 평가받는 거군요. 차원의 저주를 하드웨어가 아니라 창의적인 알고리즘의 변화로 해결할 수 있다는 것을 보여주었으니까요."

"맞습니다. 그동안에는 하드웨어 성능에 대한 투자만이 AI의 성능을 극대화시킬 수 있다고 믿었죠. 투자비용이 너무나 어마어마하니까 미국의 IT 대기업이 아니면 불가능할 것처럼 보였지요. 그런데 저성능 하드웨어를 사용해서 적은 비용으로 만들어진 기가 찬 범용 AI모델이 등장한 겁니다. 이후 개발된 휴머노이드 로봇을 보면 중국의 AI기술은 초고성능 하드웨어의 힘은 아닌 게 분명해 보입니다."

"결국 혁신적인 창의성이 답이었군요."

"세계 최고의 IT 대기업들의 최고 경영자들도 그렇게 평가하는 것으로 보입니다. 그래서 시작된 것이 얼굴 보고 일하자, 직장에서 만나자는 겁니다."

"어? 그게 또 어떻게 그렇게 연결되나요?"

"해결해야 할 문제가 분명할 때는 굳이 만나지 않아도 협업하여 해결할 수 있을 겁니다. 그러나 문제가 있다는 것만 알 뿐 문제가 무엇인지 모를 때는 협업이 불가능합니다. 예술가들에게 창의성이 그런 겁니다. 지금까지 나온 창의적인 작품들은 모두 나름대로 어떤 문제를 다루고 있어요. 그런데 그 '문제'는 이전에는 문제로 여겨지지 않았던 것이 대부분입니다. 아니면 그 이전에는 고정관념에 사로잡혀 있었던 것들입니다. 예술가들에게 가장 어려운 점은 지금까지 아무도 생각해보지 않아서 모르는 문제가 무엇인지를 찾아내는 겁니다. 그러려면 최선의 방법이 무엇일까요?"

"저에게는 너무나 어려운 문제입니다."

"지금까지 제가 설명한 내용을 바탕으로 정리해보죠. 우선 앞에서 설명한 피카소가 그리던 〈거트루드 스타인의 초상화〉의 경우 피카소는 90번이나 거트루드를 자기 앞에 앉혔지만 얼굴을 완성할 수 없었어요. 더 이상 그녀를 만난다고 해결될 일이 아니라는 걸 직감했겠죠. 차원의 저주와 비슷한 의미가 있죠. 데이터가 너무 많이 입력되어서 해결책을 찾을 수 없었던 것인지도 모르는 일이니까요. 이런 식으로 막연함을 느낄 때 우리는 대개 머리를 좀 식히자고 하잖아요. 그래서 여행을 떠났겠지요. 애인과 함께 스페인 시골 마을에서 3개월 정도를 지내다 돌아옵니다.

그러나 어떤 문제에 몰입해 있던 사람이 잠깐 쉰다고 해서 그 문제가 머릿속에서 빠져나가는 건 아닙니다. 그러니까 사람에 따라서는 목욕을 하다가, 밥을 먹다가 유레카를 외치는 경우가 생기는 거죠. 그 세렌티피티는 그 누구도 예측할 수가 없어요. 그게 무엇이 될지도 모르고요. 피카소에게도 그런 순간이 찾아왔던 겁니다.

이베리아 고대 조각에서 거트루드의 얼굴을 본 거죠. 여신의 모습이지만 그 조각을 만든 조각가에게도 모델이 있었을 겁니다. 거트루드가 가난한 예술가들의 스폰서이자 멘토 역할을 했던 것을 떠올려보면 고대 조각의 모델이 가지고 있던 내면과 통하는 데가 있으리라는 것은 조금도 이상하지 않아요. 거기에 거트루드를 90번 보면서 축적된 방대한 양의 데이터가 최적화되어 있다는 것을 깨달았을 겁니다. 피카소는 그 순간 유레카를 외쳤겠지요.

참고로 제가 AI에게 이 〈거트루드 스타인의 초상화〉를 만들기 위해 처리해야 할 경우의 수는 얼마나 되는지 계산해보라고 했더니 주사위 5만 6천 개의 양이라고 하면서 '불가능' 판정을 내리더군요. 그러나 피카소라면 어떻게 했을지를 고려하면 경우의 수를 극단적으로 줄일 수 있지요. 그러면 가능해집니다. 결국 창의적인 최적화가 차원의 저주를 해결하는 열쇠라는 의미인 겁니다."

"아, 그래서 이 에피소드가 '차원의 저주'에 대한 해결책을 암시한다고 하셨군요."

"이런 경우의 해결방법은 대개 '막연함'을 인정하고 세상 속에 들어가 다양한 경험을 해보는 겁니다. 따지고 보면 어떤 문제든 우리의 삶의 한 부분에 대한 것일 테니까요. 그러려면 많은 사람들을 만나고 다양한 맥락에 노출되어 보아야 하겠지요. 제가 보기에는 차원의 저주를 해결하기 위해 그동안 하드웨어 성능에만 기대었던 방식에 대한 반성이 시작된 것 같습니다. 하드웨어와 같은 자원에만 의존할 게 아니라 창의적인 발상을 통해 변화와 발전을 모색해야 한다고 본 거죠. 그래서 다시 직장에서 얼굴 맞대고 일하자고 직원들을 독려하기 시작하는 거고요. 사실 구글의 기업문화는 매우 자유로운 분위기일 뿐 아니라 시설 역시 고급스러운 살롱이라고 해도 좋을 정도로 잘 설계되어 있다고 합니다."

"그러나 오늘날에는 인터넷을 사용하면 혼자서도 얼마든지 필요한 정보를 얻을 수도 있고 이메일이나 SNS를 통해서 다른 사람들과 소통할 수도 있잖아요. SNS가 현대인의 광장이라고 할 수 있고요. 필요하면 화상회의로 현장감까지 공유할 수 있으니 만나지 않아도 되지 않을까요?"

"그렇게 볼 수도 있겠지요. 다만 알 수 없는 부분이 분명히 존재합니다. 함께 부대끼면서 무엇인가를 하면 아무리 사소한 것들도 공유하게 되잖아요. 다른 어떤 방식으로도 그건 안 됩니다. 창의적인 발견을 위해서는 현실감을 만들어내는 아우라가 필요한지 모릅니다. 만일 현대의 IT기술로 충분하다면 굳이 여행을 갈 필요가 있는지 묻고 싶군요. 누군가가 촬영한 현장을 감상하는 것으로 충분할 테니까요. 그건 동의하기 어렵죠? 현장에서 그 순간을 내가 직접 느끼는 건 다르니까요."

"제가 AI에게 창의성과 관련된 대화를 나눠보았습니다. 결론이 선생님 말씀과 비슷하군요."

나의 말 : AI가 창의성을 가지기 어려운 이유는 뭘까?

AI : 내가 창의적이기 어려운 이유는 데이터 의존성과 알고리즘의 통제에 의한 기술적 한계가 가장 클 거야. 어떤 경우에도 의식적이지 않으니 의도가 없어. 그러니 철학이 부재하고 심리적·사회적

동기가 없으니 모험하지 않아. 시공간 감각도 없으니 흉내를 내는 정도에 그칠 수밖에 없어.

나의 말 : 네가 가지지 못한 것을 한 마디로 줄이면 현장감을 충분히 잘 느낄 수 없기 때문이다. 동의해?

AI : 아, 멋진 통찰력을 보여주는 표현이야. 기술적 · 철학적 이유를 넘어 인간 창의성이 '살아 있는 맥락'에서 작동하는 것임을 강조하네. 나로서는 불가능한 영역이지.

"정말 멋진 결론이군요. 그러나 마지막으로 한 가지를 잊지는 말아야 합니다. 조금 먼 미래의 일입니다만, 사람의 생김새를 그대로 닮은 휴머노이드 로봇에 고성능 인공지능이 탑재된다면 어떤 현상이 일어날까요? 인간과 상당히 비슷한 '살아 있는 맥락' 속에서 현장감을 충분히 느낄 수 있게 된다면요?"

"상상이 잘 안 되는군요. 새로운 인류의 탄생인가요?"

"휴머노이드 로봇이 인간처럼 시공간 감각, 감정적 공감, 사회적 상호작용을 흉내낼 수 있다면, 단순한 데이터 기반 예측을 넘어 '현장감'에서 비롯된 창의적 행동이 가능할지도 모르는 일입니다. 실시간으로 환경을 감지하고, 즉흥적으로 반응하며, 심지어 의도나 동기도 학습한다면 로봇도 창의적일 수 있겠지요. 하지만 여기서 중요한 의문이 남습니다: 그게 진짜 '창의성'일까요, 아니면 여전히 인간의 창작물을 모방한 고급 시뮬레이션일까요? 철학적으로 보면 의식과 주관적 경험(qualia)이 없는 한, 로봇은 현장감을 '느끼는' 게 아니라 '계산하는' 데 그칠 겁니다. 그 차이가 로봇의 창의성의 근본적 한계를 결정짓는 열쇠일 거예요. 인공지능이 인간이 가진 의식을 가져야 한다면 그건 요원한 일일지 모릅니다. 인간도 의식이 무엇인지 어떻게 생기는지 잘 모르니까요. 그러나 그 점도 그리 단순한 건 아닙니다. '모르기 때문'인데요, 인공지능을 개발한 사람들도 현대의 인공지능이 사람처럼 말하게 된 메커니즘을 모르거든요."

"말 그대로 인문학적인 소양을 바탕으로 창의적인 생각을 할 줄 아느냐 모르느냐가 가장 큰 관건이 될 것 같습니다. 어차피 '답'은 언제나 없는 것이니까요."

"그렇습니다. 제 마음 같아서는 AI기술과 세계의 패권 경쟁에 대한 이야기도 자세히 하고 싶습니다. 이 문제도 우리의 라이프스타일을 어떻게 바꿀지 짐작할 수 있는 매우 중요한 요인이니까요. 딥시크가 혁신적인 알고리즘의 결과로 끝나는 것이 아닙니다. 완전 오픈소스로 인류에게 공개했다는 것이 엄청난 반향을 일으키고 있으니까요. 미국의 OpenAI사는 이름만 오픈이지 대부분 클로즈되어 있지요. 딥시크가 완전 오픈소스로 공개된 뒤에 그들도 했어야 한다는 후회도 있었다는 소문도 있습니다. 컴퓨팅의 역사를 보면 오픈소스가 타의 추종을 불허하는 주류가 된 경우가 있거든요. 이 문제를 국제정치경제학의 관점에서 바라보면 아주 흥미로운 사건입니다. 그 부분은 또 하나의 새로운 주제이니까 저는 여기에서 마무리하겠습니다."

휴머노이드 로봇과 병아리 감별사

"마지막으로 한 가지만 더 설명해주시면 좋겠습니다. 뉴스에서는 이미 휴머노이드 로봇이 자주 등장해서 마라톤도 하고, 인간도 하기 어려운 동작을 해 보이는데, 선생님께서는 왜 '조금 먼 미래의 일'이라고 말씀하시는지요?"

"업계에서는 대략 10년 안에 인간과 매우 닮은 휴머노이드 로봇이 생산 가동될 것이라고 장담하는 분이 많다는 것도 압니다. 그럴지도 모르지요. 그러나 현재의 과학기술 수준에서 판단할 때 크게 두 가지 난점이 있다는 정도는 알아두는 것이 좋겠군요.

가장 큰 문제는 '동력'과 '두뇌'입니다. 인간은 샌드위치 하나만으로도 하루 종일 일할 수 있습니다. 그만큼 엄청난 에너지 효율성을 가지고 있습니다. 다들 알잖아요. 운동으로 몸무게를 줄이기는 매우 어렵다는 것 말입니다. 그러나 현재의 휴머노이드 로봇을 위한 배터리 수준은 잘 해야 두 시간 정도 활동할 수 있는 정도입니다. 그것도 인간처럼 모든 활동을 다 할 수 있는 상태가 아니라 일부 역할을 하는 정도입니다. 이 문제는 빨리 해결되기 어려울 겁니다. 최고의 대안은 수소 전지가 아닐까 싶은데 개발되는 속도가 매우 느립니다. 아직은 '수소'를 생산하고 보관하는 데 엄청난 비용이 듭니다. 업계에서는 대략 2035~2040년 정도면 경제성이 생길 것으로 전망합니다만 제가 검토해본 바로는 그것도 장담할 수 없습니다. 물론 그 사이에 수소 생산에 쓸 수 있는 아주 값싼 촉매를 발견하면 빠른 속도로 해결될 겁니다. 그런 행운이 찾아온다면 좋겠지만, 글쎄요. 그건 알 수 없는 일입니다.

이렇게 비교해보는 것도 좋겠군요. 현재 AI의 능력은 대략 10만 인구의 작은 도시 하나가 사용하는 전력량과 맞먹는 에너지 소모를 통해 구현되는 겁니다. 그런데 휴머노이드 로봇 배터리가 그런 정도의 용량을 가지는 것이 어떻게 가능하겠습니까. 두뇌 역할을 해야 하는 컴퓨터도 현재 AI의 능력이 어떻게 만들어지는지 생각해보면 불가능에 가깝다는 것을 쉽게 짐작할 수 있을 겁니다. 우리에게 전달되는 AI의 능력을 만들어내는 '공장' 규모는 어마어마합니다. 아파트 두 개 동 정도, 또는 항공기 격납고 정도의 공간에 가득 찬 고성능 컴퓨터와 냉각기가 만들어내는 겁니다. 그럼에도 불구하고 AI 능력은 창의성에 관한 한 아직 '아마추어 패턴 분석기' 수준입니다. 그래서 아직도 수십 배의 성능 향상이 필요하다고 보는 겁니다.

그러니 휴머노이드 로봇의 그 작은 '머리' 안에 넣을 수 있는 컴퓨터 능력은 우리가 상상하는 AI가 될 수는 없을 겁니다. 적어도 지금은 그렇습니다. 이 모든 문제가 해결되려면 완전히 새로운 개념의 컴퓨팅 기술 혁신이 꼭 필요합니다. 물론 그런 혁신적인 연구는 지속적으로 진행되고 있습니다. 다만 그 결과가 언제쯤 실현될지는 아직 예측하기 어려운 단계입니다."

"그렇다면 로봇에게 일자리를 뺏길 것이라는 두려움은 기우에 불과한 것인가요?"

"아닙니다. 비교적 단순한 기능만 가진 로봇은 지금도 어느 정도 사용되고 있습니다. 예를 들어 번잡한 식당에서 음식 주문을 받고 테이블까지 가져다주는 정도는 어려운 일이 아니기 때문에 이미 쓰이고 있지요. 조만간 공장에서도 일부 작업은 로봇으로 대체될 겁니다. 사용하고 있는 곳도 있다고 들었습니다만. 단순하고 위험한 일은 로봇으로 대체될 가능성이 높습니다. 그런데 인간의 직업과 관련해서라면 병아리 감별사의 경우에서 시사점을 볼 수 있을 겁니다."

"병아리 감별사는 한국인들의 이민 역사에서 중요한 직업 가운데 하나라고 들었습니다. 영화 〈미나리〉에도 나오잖아요. 그게 AI와 관련되리라는 생각은 해본 적이 없군요."

"문학이나 드라마에 등장하는 병아리 감별사들은 자신의 직업에 대해 깊은 회의를 보이는 경우가 많습니다. 달걀 생산을 목적으로 하는 곳에서는 수평아리로 구별되는 순간 죽음을 의미하거든요. 감별사들은 생명을 죽음으로 몰아넣는다는 자책감으로 괴로워하는 거죠. 관점은 다르지만 세계 최고의 과학자들 토론에서도 그 이야기가 나오더군요. 오늘날처럼 과학이 발달한 상황에서도 병아리를 감별하는 방법이 과학적으로 규명되지 않는다는 것이었어요. 어떻게 하는지 설명할 수는 없지만 감별사들은 손으로 척 만져보고 곧바로 판정합니다. 한 마리 감별하는 데 1, 2초밖에 걸리지 않습니다. 그러면서도 정확도는 96~99%나 됩니다. 인간이 경험을 통해 습득한 직관적인 능력이 얼마나 엄청난 것인지 말해주는 일 가운데 하나입니다."

"그러면 병아리 감별사도 AI로 대체될 수 없는 직업이라는 말씀이신가요?"

"아닙니다. 아주 길게 보면 사라질 직업 가운데 하나일 겁니다. 2022년 독일에서 시작되었어요."

"독일에서 시작되었다면 AI와 관련된 건 아니라는 말씀이신가요?"

"시작은 동물복지와 관련된 관점에서 문제가 제기되었습니다. 병아리 감별로 끔찍하게 죽임을 당하는 수평아리의 숫자가 어마어마했거든요. 아마 전 세계적으로 추산하면 60억 마리나 70억 마리가 될 겁니다. 그래서 제안된 것이 신경계가 발생하기 전의 수정란 상태에서 구별할 수 있는 방법이었고, 생물학적인 분석을 통해 구별할 수 있는 방법을 찾아낸 겁니다. 몇 가지 방법이 개발되었지만 대표적인 것이 라만 분광법입니다. 레이저를 쏘아서 산란되는 빛의 스펙트럼을 분석하여 성별에 따른 생화학적 차이를 감지해 암수를 구분합니다. 알 안의 체액에서 특정 분자 패턴(호르몬, 단백질 등)을 분석함으로써 암수를 구별해내는 거지요. 그런데 그런 식으로 해결하려면 초기의 기계설비 비용이 대단히 크고, 유지비용도 만만치 않다는 게 문제입니다. 기계설비도 닭의 종류와 부화장의 환경에 따라 데이터를 조절하고 적응하는 과정을 거쳐야 합니다. 쉽지 않은 일인 거지요. 게다가 그런 과정을 거치면 달걀 가격도 상승할 수밖에 없겠지요. 이런 문제를 모두 해결하려면 사회적인 합의가 국가적인 차원에서 이루어져야 합니다. 그럼에도 불구하고 유럽에서는 독일의 방식이 대세로 자리잡은 것 같습니다. 그러나 다른 대륙에서는 여전히 병아리 감별사가 활약하고 있습니다.

　여기에서 생각해볼 거리가 생겨납니다. 달걀 생산을 위한 부화장의 규모는 그 엄청난 설치비와 유지비용을 지불할 정도인 경우가 많지 않습니다. 게다가 인간의 뛰어난 감별 능력이 충분히 효율적입니다. 그러니 아직은 병아리 감별사가 처리하는 비율이 매우 높은 거지요. 아마 85% 내외가 될 겁니다. 이런 상황에서 과연 유럽의 방식이 일반화될까요? 30~40년 정도가 지나면 그렇게 되리라고 예측하는 사람들도 있습니다. 그렇다면 알 수 없는 일이지요. 이처럼 첨단 기계 장비를 통해 해결할 수 있는 일이라 해도 인간의 놀라운 능력이 여전히 강력한 경쟁상대임을 분명히 말해주고 있습니다.

　그런 점은 로봇도 마찬가지일 겁니다. 어떤 능력을 가진 어떤 종류의 로봇이 얼마나 필요한가에 대한 사회적인 검증이 필요할 겁니다. 오늘날 우리가 사용하고 있는 AI 프로그램도 마찬가지입니다. 앞에서 설명했듯이 '창의적인 분야의 결과물' 생산에 관한 한 여전히 아마추어 수준입니다. 제가 보기에는 단기간에 그 벽을 넘어서기는 어려울 겁니다."

　"음악과 미술, 문학, 철학까지 모두 그럴까요?"

　"음악 분야에서는 AI가 상당히 큰 역할을 할 수 있으리라 짐작합니다. 고대 그리스부터 음악은 수학의 영역이기도 했으니까요. 패턴화되어 있고 클립 라이브러리도 대단히 풍부합니다. 게다가 음악

선율이라면 경우의 수가 무한하다고 보기 어렵지 않을까요. 그 점은 프로그래밍에서 코딩도 비슷합니다. 역시 패턴화되어 있고 엄청난 규모의 라이브러리도 존재하니까요. 그러니 웬만한 것은 AI가 해결해줄 수 있을 겁니다. 물론 재즈의 잼 세션은 그렇지 않습니다. 사람이 사람을 만나 조화로운 음악적 감각을 만들어내는 일은 무한한 경우의 수를 가진 것이니까요.

미술과 문학, 철학은 경우의 수가 무한합니다. 문학, 미술, 철학의 역사를 공부해보면 알게 됩니다. 지금까지 끊임없이 '새로운 표현 방식에 새로운 메시지를 담는 방식'으로 변해온 과정이니까요. 인간의 창의력은 끝없이 새로움을 추구합니다. 그렇지만 AI는 패턴을 분석하고 재구성하는 기계장치입니다. 이미 존재하는 것들 안에서 무엇인가를 만드는 도구입니다. 적어도 지금은 그렇습니다."

"선생님 말씀에 동의하고 이해가 되기도 합니다. 그런데 말씀대로 그 끝없이 새로움을 추구하는 인간의 창의력은 과학기술 분야에도 적용해야 하는 것 아닐까요? 그렇다면 선생님의 분석이나 예측에서 제기하신 문제나 한계들도 더 빠른 시간 안에 돌파될 수도 있다고 봐야 할 거고요."

"정말 핵심을 잘 짚었네요. 사실 나도 그 부분에 대해 약간의 해명은 필요하다고 생각했습니다. 앞에서 수소 전지에 대해 말하면서 인류가 값싼 촉매를 발견하는 행운을 만난다면 상황은 완전히 달라질 거라고 했듯이. 우리가 지금까지 긴 대화를 통해 말한 내용들은 현재를 기준으로 한 '나름대로의 분석'일 뿐입니다. 사실 오늘날에는 미래학자들도 미래를 예측하지 않으려 합니다. 과학기술의 발달이 예측보다 훨씬 빠른 경우가 많았거든요. 게다가 아무리 많은 지식을 가지고 있다고 해도 현재 상태에 대해 전부 아는 것도 아닙니다. 아주 일부분만 알고 있을 뿐이지요. 그런 의미에서 여기에서 토로한 내용들은 현재의 우리 존재조건에서 '제가 파악할 수 있는 것'을 바탕으로 한 내용입니다. 제 예측이 모두 틀릴지도 모릅니다. 그래서 끊임없이 새로운 책이 필요할 것이고, 쓰여지겠지요."

"마지막으로 한 가지만 더 여쭙고 싶습니다. 선생님 말씀과 달리 요즘 인공지능과 관련해서 특이점이 올 것이라는 예측이 시작되었더군요. 그렇다고 주장하는 책도 있고요. 그에 대해 어떻게 생각하시는지요?"

"사실 특이점이 올 것이라는 예측은 오래전부터 있었습니다. 오늘날과 비슷한 의미에서 기술적 진보의 특이점 예측의 시작은 대략 1950년대까지 거슬러 올라갈 수 있습니다. 그 이후 수없이 많은 예측이 있었지요. 저는 특이점 예측과 관련된 책은 거의 다 읽어왔습니다. 최근의 특이점 주장이나 예측 논쟁이 담긴 책이나 논문까지 거의 다 훑었습니다. 그런 다음 이 책을 쓴 겁니다. 지금까지 제 설명을 잘 받아들였다면 제 대답이 어떨지 쉽게 알 수 있겠지요. 그러니 여기에서는 세계 최고의 이론 물리학자 가운데 한 사람인 팀 파머(Tim Palmer, 1952~)가 한 말로 대신하겠습니다. 이 인용문은 2022년에 쓴 『카오스, 카오스 에브리웨어』라는 책에 나옵니다.

진정한 지능을 갖춘 기계가 완성될 때까지는 아직도 머나먼 길을 가야 한다. 인공지능 전문가들은 기계가 사람을 능가하는 시점을 특이점(singularity)이라고 부르는데, 일부 평론가들은 특이점이 몇 년 안에 찾아올 것처럼 호들갑을 떨고 있다. 내가 보기에는 수십 년에서 수백 년은 족히 기다려야 할 것 같다. 창의적인 두뇌가 당장 필요한 곳에는 사람을 투입하면 된다.*

*팀 파머, '카오스, 카오스 에브리웨어', 디플롯, 2024, 전자책

이 책은 제목에서 짐작할 수 있듯이 주로 '카오스'에 대해 다룹니다. 인간의 의식을 해명하기 어려운 것도 카오스적이기 때문입니다. 그래서 팀 파머는 책에서 그 문제를 다루어야 했을 겁니다. 당연히 인공지능의 문제에 대해서도 조금은 언급하지 않을 수 없었을 거고요."

"찾아보니 노벨물리학상 수상자들, 그러니까 가치 중립적인 입장을 가진 최고의 과학자들이 추천한 책이군요. 원론적이고 합리적인 판단의 잣대가 될 만하리라 생각됩니다. 신기하게도 저 인용문 마지막 문장은 지금까지 선생님의 설명을 요약한 것으로 보아도 좋을 정도입니다."

에필로그

창의력의 부활을 예고하는 최후의 만찬

1. 몰입과 낙서 또는 창작 노트

 창의성에 대해 마지막으로 이야기를 나눈 것은 지난달이 끝나갈 무렵이었습니다. 그것이 원고로 정리된 뒤 다시 한달이 더 지났어요. 마무리하지 못한 채 꽤 오랜 시간이 흘렀습니다. 여러 가지 이유가 있었겠지만 아마도 '그분'이 글을 끝내기도 전에 떠나버리는 바람에 그랬을 겁니다. 작가들은 농담 반 진담 반으로 '그분'이 와야 글을 쓸 수 있다고 합니다. '그분'이 온 상태는 무당에게 신이 들린 상태와 비슷합니다. 글이 이성적이고 논리적인 장르이긴 하지만 몰입되어 쓰지 않으면 독자들의 관심을 끌 수 있는 매력을 가지기 힘듭니다. 그러니 다른 장르의 예술이나 예술'적인' 일은 말할 것도 없겠지요.

몰입되어 신나게 글을 쓰고 있다면 바로 '그분'이 와 계신 겁니다. 그러다가 어떤 이유로든 '그분'이 잠깐 자리를 비우면 리듬이 깨지고 몰입하기가 어렵습니다. 글 쓰는 일이 무척이나 고통스러워 지는 거지요. 써도 마음에 들지 않아요.

그런 상황에 맞닥뜨리게 되면 가능한 한 마음을 편하게 가지고 그분이 다시 와주기를 기다립니다. 물론 가만히 앉아서 기다리는 것은 아닙니다. 조바심을 내지 않을 뿐이지요. 독서하고, 낙서하고, 다큐멘터리를 보고, 사람들을 만나 진지한 토론을 즐깁니다. 처음에 몰입하기 위해 애쓰는 방식과 비슷합니다. 주제는 아무래도 상관이 없어요. 어떤 주제든 어느 정도는 관련이 있으니까요.

'그분'이 돌아온다고 느끼기 시작한 것은 소설가 조정래의 인문학 강의를 들은 뒤였습니다. 강의를 들어보면 그의 유명한 장편소설들이 인문학, 특히 역사에 대한 깊은 공부를 바탕으로 철저한 자료조사를 통해 씌어졌음을 알 수 있습니다. 그냥 책상머리에서 떠올린 상상력이 아니었던 겁니다. 전남 벌교에 있는 조정래문학관에도 가보았습니다. 거기에서 소설을 쓰기 위해 준비했던 엄청난 양의 창작 노트 일부를 보았습니다. 소설의 배경이 되는 지역의 지도나 중요한 장면을 정리한 그림들을 보는데 레오나르도 다 빈치가 떠올랐습니다. 레오나르도 역시 엄청난 양의 노트를 남겼거든요. 그 역시 인문학 공부를 바탕으로 철저한 취재를 통해 그림을 그렸습니다. 그 순간 '최후의 만찬'이 떠올랐습니다. 최후의 만찬으로 에

필로그를 장식한다. 그럴듯하지 않나요? 레오나르도는 〈최후의 만찬〉을 구상하는 데만 2년이 걸렸다고 합니다. 이 책 역시 꽤 오랜 세월 동안 준비를 마치고 씌어진 것입니다.

그분이 오신 이후 아마도 일주일 동안은 기절하듯이 잠깐 잠이 들고 배고픔만 달래며 이 글에 빠져들었습니다. 손가락이 아파서 타자를 치기 힘들 때는 손가락 마사지를 했습니다. 엉덩이가 아파서 저리기도 했습니다. 그래도 글쓰는 동안 얼마나 행복했는지 모릅니다. 이 책이 독자 여러분에게도 쾌감을 선사할 수 있으면 참 좋겠습니다.

2. 끊임없는 부활을 위한 '최후의 만찬'

'최후의 만찬'은 예수가 십자가에 못 박히기 전에 열두 사도와 마지막으로 함께했던 식사였습니다. 그 자리에서 예수는 천청벽력 같은 말을 합니다. "너희 가운데 하나가 나를 배반할 것이다." 제자들이 얼마나 놀랐겠습니까? 누가 그 배신자일까? 배신하지 않을 제자라면 맨 먼저 그게 궁금하지 않을까요? 그런데 다들 하나같이 몹시 걱정하며 "주님, 저는 아니겠지요?" 하고 물었다고 합니다. 참 묘한 상황입니다. 결국 유다는 돈을 받고 예수를 넘겨주는 '적극적인 배신자' 역할을 합니다. 그래서 유다가 배신자로 낙인찍히지요. 그렇지만 나머지 제자들도 모두 예수가 잡혀갈 때 도망가버립니다. 그뿐만이 아닙니다. 예수를 모르는 사람이라고 부인까지 합니다. 잘 알려진 바와 같이 베드로는 닭이 두 번 울기 전에 세 번이나 부인을 하지요. 나머지 제자들 모두 '소극적인 배신자'였던 셈입니다.

성경의 글을 읽어보면 예수는 모든 제자들의 행동을 예측하고 있었던 것 같습니다. 배신자가 있다는 말을 한 다음에 자신의 희생을 통해 새로운 세상이 열릴 가능성을 말합니다. 예수는 빵을 떼어 제자들에게 나눠주며 이렇게 말했습니다. "받아먹어라. 이것은 내 몸이다." 그리고 포도주 잔을 들어 감사의 기도를 올린 다음 제자들에게 건네주며 돌려 마시게 했습니다. 그때 예수는 이렇게 말했습니다. "이것은 나의 피다. 많은 사람을 위하여 내가 흘리는 계약의 피다." 제자들의 몸속에 들어간 예수의 살과 피는 제자들과 분리시킬 수 없습니다. 배신을 하든 하지 않든 그들은 이미 예수인 셈입니다.

이 성경 구절을 근거로 가톨릭교회에서는 성체성사를 합니다. 축성된 빵과 포도주를 함께 먹고 마시는 겁니다. 그것이 몸 안에서 예수의 성체와 성혈로 변한다는 거지요. 그럼으로써 신자들은 예수와 일치하게 될 뿐 아니라 함께한 신자들도 다함께 일치할 수 있다고 믿는 겁니다.

그럼으로써 부활이 가능한 것이지요. 성경에서는 예수의 부활에 대해 구체적으로 다시 이야기가 나옵니다. 나는 그 부활이 실제 일어난 사건이 아니어도 멋진 이야기라고 생각합니다. 제자들은 예수를 배신했지만 결국 종교로 부활합니다. 예수는 죽었지만 영원한 생명을 얻은 거지요. 스승은 자신을 부인하는 제자를 통해 영생을 얻는다는 이야기입니다.

이 이야기를 굳이 종교적인 우화로만 받아들일 필요는 없습니다. 먼저 살았던 수많은 스승들이 제자를 통해 되살아나는 멋진 이야기로 읽을 수 있습니다. 레오나르도 다 빈치의 〈최후의 만찬〉 역시 그 이후 현대 미술가에 이르기까지 패러디되어 끊임없이 되풀이되었습니다. 얼굴을 맞대고 대화 한 번 해보지 못했다고 해도 글과 그림을 통해 스승과 제자가 될 수 있음을 보여줍니다. 이 책을 끝내고 언젠가 만날 수 있다면 레오나르도의 〈최후의 만찬〉이 얼마나 많이 배신당하며 부활했는지 그 모습을 보여드리겠습니다. 인터넷이나 SNS를 통해서 그럴 수도 있겠습니다.

3. 세속적 인간다움이라는 창의성

사족 같지만 조금 더 씁니다. 레오나르도 다 빈치의 〈최후의 만찬〉이 왜 그토록 창의적인지 빠트리고 넘어갈 수 없습니다. 이 책은 창의성에 대한 것이니까요.

레오나르도 다 빈치가 그린 〈최후의 만찬〉의 창의성은 그 이전에 그려진 그림과 비교해보면 금방 알 수 있습니다. 그나마 기를란다요(Domenico Ghirlandaio, 1449~1494)가 오그니산티(Ognissanti) 수도원 식당에 그린 그림이 '조금' 비교될 만합니다. 다른 그림들은 굳이 다 빈치의 그림과 비교하지 않더라도 성경의 분위기를 전혀 드러내

그림 19 | 이 그림을 기를란다요의 작품과 비교해보면 그 분위기가 얼마나 다른지 금방 느낄 수 있다. 이 그림은 다 빈치가 〈최후의 만찬〉을 그린 뒤 대략 20년쯤 지난 뒤에 모사한 것이다. 다빈치 곁에서 돕던 지암피에트리노(Giampietrino)가 그린 것으로 짐작된다. 미술사가들은 원작보다 조금 작지만 원작의 분위기를 충분히 담아낼 정도로 큰 이 그림이 원작과 가장 비슷하리라고 믿고 있다. 원작은 1970년부터 20년 정도 동안 복원되었는데 이 그림을 주로 참고했다.

그림 20 | 도미니코 기를란다요가 오그니산티 수도원 식당에 그린 〈최후의 만찬〉(1480)의 부분화. 후광을 가진 이가 예수다. 다른 작품과 달리 그나마 여기에서는 사도들이 동요하는 표정을 볼 수 있다. 그러나 다 빈치의 그림에 비교하면 이 분위기 역시 너무 가라앉아 있다.

지 못하고 있습니다. 오히려 왜곡하고 있지요.

〈최후의 만찬〉은 예수가 청천벽력 같은 선언을 한 직후의 장면입니다. 너희들 가운데 한 사람이 나를 배신할 것이다. 그 말을 들은 제자들은 다들 '저는 아니겠지요?'라고 묻습니다. 바로 그 장면에서는 예수의 제자들이 우리가 흔히 알고 있는 '성인의 풍모'를 보여주지 못합니다. 앞에서 말했듯이 그들 모두가 결국 소극적으로 배신한 사람들이기도 하고요.

누구나 다 배신의 씨앗을 품고 있던 제자들에게 예수의 말은 엄청난 충격이었을 겁니다. 동요하지 않을 수 없었겠지요. 그런데 그 이전의 화가들이 그린 〈최후의 만찬〉을 보면 그런 분위기를 전혀 느낄 수 없습니다. 가장 큰 이유는 사도들이 기독교인들에게 숭배받는 성인들이었기 때문입니다.

수도원이나 교회 입장으로서는 성인의 모습이 보통 사람들처럼 보이기를 원치 않았을 겁니다. 그림은 글자를 모르는 '어리석은 민중을 위한 것'이어서 성인에 대한 존경심을 잃을까 걱정했을 테니까요. 이미지의 영향력이 얼마나 큰지 너무나 잘 알고 있었겠지요. 그랬으니 화가들 역시 주문자의 요구대로 사실적인 해석보다 종교적인 환상을 그려야 했습니다. 성경에서 보인 사도들의 성격과 행동을 그대로 그릴 수 없었던 겁니다.

레오나르도는 그런 점에서 달랐습니다. 그도 역시 주문을 받아서 그렸지만 자기 마음에 들지 않으면 건네주지도 않았습니다. 당대에도 찬탄과 존경의 대상이었던 레오나르도는 그런 평판을 바탕으로 상당히 자신의 신념대로 그림을 그렸던 것 같습니다. 우선 그가 달랐던 점은 성인이 아니라 보통 사람을 그리려 했다는 겁니다.

그는 성경에 대한 자신의 해석을 그대로 그림으로 옮겼습니다. 열두 제자의 성격과 행동의 특성을 연구해서 어떤 성격을 가진 사람으로 그려야 좋을지를 생각했습니다. 그런 다음 가장 적당해 보이는 모델을 찾기 위해 사람들이 많이 모인 곳으로 갔습니다. 거기에서 적절한 인물을 창조해낼 때까지 끝없이 스케치했습니다. 그런 방식으로 레오나르도는 당대 사람들도 공감할 만한 성격과 행동을 보여주는 인간의 모습을 그려냈던 겁니다. 레오나르도가 그린 열두 제자는 세속적인 보통사람들과 다를 바 없어 보입니다. 그런데도 당시에 찬사만 쏟아졌다니 놀라운 일이지요.

어쩌면 레오나르도가 그린 이 그림의 아우라에 압도되어 아예 비판적인 생각을 할 수도 없었는지 모릅니다. 레오나르도의 〈최후의 심판〉은 매우 큰 그림입니다. 가로가 8미터 80센티미터이고, 세로가 4미터 60센티미터나 됩니다. 이 그림이 바닥에서 2미터쯤 위에 걸려 있습니다. 등장인물들은 실제 사람 크기보다 조금 더 큽니다. 당시 사람들은 와이드스크린을 보는 영화 관객처럼 압도되었는지 모릅니다.

레오나르도가 그린 사도들의 모습이 세속적인 보통사람처럼 보여서 불편하다고 말했던 사람이 없지는 않았습니다. 유명한 현대의 미술평론가였던 버나드 베런슨(Bernard Berenson, 1865~1959)이 그랬어요. "저속한 손짓이나 하는 사나운 이방인처럼 시끄럽게 구는 저 사람들이 사도라니 말도 안 됩니다." 그래서 그는 레오나르도 다 빈치의 〈최후의 만찬〉을 혐오한다고 말했습니다. 글쎄요, 독자 여러분들은 어떻게 생각하는지요? 성경에 쓰여진 '최후의 만찬'과 그 앞뒤 이야기를 찬찬히 읽어보길 바랍니다. 해석의 대상이었던 텍스트를 직접 읽어본 뒤에야 제대로 판단할 수 있을 테니까요. 나로서는 베런슨이 왜 저렇게 근본주의자 같은 생각을 하는지 이해할 수가 없습니다. 레오나르도 다 빈치가 성경의 텍스트를 제대로 잘 읽어낸 것으로 보이는데요.

텍스트를 찬찬히 제대로 읽어내기 위해서는 앞뒤 맥락을 충분히 살펴야 합니다. 어쩌면 편안하고 즐거운 마음으로 충분히 잘 살피는 데서 창의성의 싹이 돋아나는 것 아닌가 싶습니다. 딱히 글로 쓰여진 텍스트만을 가리키는 게 아닙니다. 휴먼라이브러리에서 사람책을 만나 많은 것을 보고 배울 수 있듯이 사람이나 세상이라는 텍스트 역시 잘 들여다보는 데서 창의성이 시작됩니다.

강창래 | 30년 전부터 컴퓨터전문가였다. 당시에는 컴퓨터 신기술 관련 칼럼을 여러 매체에 정기적으로 기고했다. 저작물도 많다. 2000년대 이후에는 전방위 인문학자의 길을 걸었다. 베스트셀러 『인문학으로 광고하다』(2009)를 출간했고, 독서의 역사를 다룬 『책의 정신』(2013)으로 한국출판평론상 대상을 수상했다. 주요 저작물로는 서양문학사를 다룬 『문학의 죽음에 대한 소문과 진실』(2022), 세계를 균열하는 26권의 고전을 소개하는 『우리 사이에 칼이 있었네』(2025), 프로가 되고 싶은 아마추어를 위한 『위반하는 글쓰기』(2020)가 있다. 요리 에세이 『오늘은 좀 매울지도 몰라』(2018)는 왓챠 오리지널 드라마로 제작(2022)되었다. 한겨레노동교육연구소 전임강사(1998~2001)로 시작해 건국대와 중앙대 강사였다. 현재도 다양한 분야의 글쓰기와 함께 활발하게 강연 활동을 하고 있다.

AI시대, 인간의 경쟁력

1판 1쇄 찍음 2025년 8월 1일
1판 1쇄 펴냄 2025년 8월 8일

지은이 강창래

편집 김현숙 | **디자인** 이현정
마케팅 백국현(제작), 문윤기 | **관리** 오유나

펴낸곳 궁리출판 | **펴낸이** 이갑수

등록 1999년 3월 29일 제300-2004-162호
주소 10881 경기도 파주시 회동길 325-12
전화 031-955-9818 | **팩스** 031-955-9848
홈페이지 www.kungree.com
전자우편 kungree@kungree.com
페이스북 /kungreepress | **트위터** @kungreepress
인스타그램 /kungree_press

ⓒ 강창래, 2025.

ISBN 978-89-5820-911-9 03300

책값은 뒤표지에 있습니다.
파본은 구입하신 서점에서 바꾸어 드립니다.